Erich H. Heimann

Selbst Fliesen und Platten verlegen

Compact Verlag

© 1999 Compact Verlag München
Nachdruck, auch auszugsweise,
nur mit ausdrücklicher Genehmigung
des Verlags gestattet.
Alle Anleitungen wurden sorgfältig
erprobt – eine Haftung kann
dennoch nicht übernommen werden.
Chefredaktion: Claudia Schäfer
Redaktion: Anne Kaspar
Produktionsleitung: Uwe Eckhard
Umschlaggestaltung: Inga Koch
Printed in Germany
ISBN 3-8174-2267-9
2222678

Besuchen Sie uns im Internet www.compactverlag.de

Vorwort

Ein Wort zuvor

Selbermachen – ein Hobby, das heute für Millionen zur sinnvollen Freizeitbeschäftigung geworden ist. Ob es sich nun um die gemietete Altbauwohnung oder um die eigenen vier Wände handelt, mit etwas Geschick und einer fachmännischen Anleitung lassen sich oft verblüffende Ergebnisse erzielen: bei kleineren Reparaturen, beim Renovieren und Verschönern und beim Um- und Ausbauen.

Und Selbermachen bringt Spaß. Freude an der eigenen Arbeit, deren Ergebnis man Tag für Tag sehen und »bewundern« kann; es spart Geld, mit dem sich langgehegte Wünsche erfüllen lassen, und es macht unabhängig von Handwerkern, auf die man womöglich wochenlang und schließlich vergeblich gewartet hat.

Fachgeschäfte, Heimwerker- und Baumärkte versorgen den Hobby-Handwerker mit allen Werkzeugen und Materialien, die er braucht. Doch richtiges Werkzeug und Begeisterung allein reichen nicht aus. Unerläßlich sind eine gründliche Vorbereitung und Fachkenntnisse, wie eine Arbeit durchzuführen und was dabei zu beachten ist.

COMPACT PRAXIS **Selbst Fliesen und Platten verlegen** zeigt, wie man's macht. Mit wertvollen Tips und Tricks, die sich in der Praxis tausendfach bewährt haben. Jeder Arbeitsgang wird ausführlich Schritt für Schritt gezeigt und in Bild und Text erläutert. Übersichtliche Symbole zeigen auf einen Blick, mit welchem Schwierigkeitsgrad, welchem Kraft- und Zeitaufwand Sie bei jedem Arbeitsgang rechnen müssen, welche Werkzeuge Sie brauchen und wieviel Geld Sie durch Ihre eigene Arbeit einsparen können.

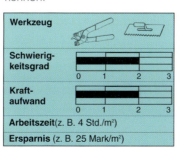

Und so stufen Sie sich richtig ein:

Schwierigkeitsgrad 1 – Arbeiten, die auch der Ungeübte ausführen kann. Es ist nur geringes handwerkliches Geschick erforderlich.

Schwierigkeitsgrad 2 – Arbeiten, die einige Übung im Umgang mit Werkzeug und Material erfordern. Es ist handwerklich durchschnittliches Geschick notwendig.

Schwierigkeitsgrad 3 – Arbeiten, die fachmännische Übung erfordern. Überdurchschnittliches Geschick ist erforderlich.

Kraftaufwand 1 – Leichte Arbeit, die jeder bequem erledigen kann.

Kraftaufwand 2 – Arbeiten, die eine gewisse körperliche Kraft voraussetzen.

Kraftaufwand 3 – Arbeiten für kräftige Heimwerker, die keine »Knochenarbeit« scheuen.

Inhaltsverzeichnis

Auf einen Blick

Materialkunde

Fliesen für das ganze Haus	6
Fein- und Grobkeramik	7
● Feinkeramische Fliesen	7
● Fliesen aus Ton	10
● Grobkeramik	10
Formate, Formen, Dicken, Dekore	11
Beton-, Marmor- und Steinplatten	14
● Formate und Formen	15
Geeignete Kleber	16
● Dispersionskleber	16
● Pulverkleber	16
● Zwei-Komponenten-Kleber	16
Fugenmaterialien	18
● Fugenmörtel	18
● Fugenmassen für Dehnungs- und Anschlußfugen	20
● Dauerelastische Fugenmassen	20
● Dauerplastische Fugenmassen	21
● Mittel zur Nachbehandlung	21
● Euro-Norm (EN)	22

Planung

Mit Fliesen gestalten	23
● Raumwirkung beeinflussen	26
● Fliesentips für Renovierer	28
● Farbenspiele	28
● Fugen als Gestaltungsmittel	29
● Akzente setzen	29
● Innen- und Außenräume verbinden	29

Inhaltsverzeichnis

Werkzeugkunde
Die wichtigsten Werkzeuge — 30

Grundkurse
Planung ist wichtig — 32
Welche Rolle spielt der Untergrund? — 34
● Fliesen auf Putzflächen — 35
● Fliesen auf Fliesen — 36
● Fliesen auf altem Dickbett — 37
● Fliesen auf Holz — 37
● Fliesen auf Spanplatten oder Sperrholz — 38
● Fliesenbelag und Fußbodenheizung — 38
● Grundieren — 38
Fliesen schneiden — 39
● »Jolly«- oder Gehrungsschnitt — 39
● Fliesendurchbrüche — 40
● Fliesen bohren — 41
Verlegeverfahren — 42
● Dünnbettverfahren — 42
● Verlegung im Mittelbett — 42
● Dickbettverfahren — 43
● Wasserdichte Verklebung — 43
● Fliesenflächen auf Stelzlagern — 45
Von der Einzelfliese zum Belag — 46
Richtiges Verfugen — 48
Bodenflächen verfliesen — 50
Alte Fliesenflächen auffrischen — 54

Arbeitsanleitungen
Neue Fliesen für die Küche — 56
Arbeitspodest in der Küche verfliesen — 58
Natursteine für die Diele — 60
Badrenovierung: Fliese auf Fliese — 64
Bodentemperier-Elemente im Bad verlegen — 68
Altes Bad modernisieren — 72
Terrassenfliesen sanieren — 77
Neue Fliesen für die Terrasse — 82
Quadrate und Schiffchen für den Balkonbelag — 86
Fliesen kombiniert mit Teppichboden — 88
Kompaktbad für das Gästezimmer — 90

Sachwortregister — 95

Abbildungsverzeichnis — 96

Materialkunde: Fliesen für das ganze Haus

Fliesen für das ganze Haus

Fliesen im Bad: dekorativ und praktisch

Fliesen sind sowohl wegen ihrer dekorativen Wirkung als auch dank ihrer Langlebigkeit und Pflegeleichtigkeit ein beliebtes Gestaltungsmittel. Einst auf die Sanitärräume und auf die Küche beschränkt, hat die Keramik heute innen wie außen nahezu alle Bereiche des Hauses erobert. Dazu hat nicht zuletzt das überaus breit gefächerte Angebot beigetragen. Es bietet für jeden Geschmack und jeden denkbaren Einsatzzweck eine vielgestaltige Auswahl, die manchmal die Wahl zur Qual machen kann, denn Fliesen sollte man nicht nur mit den Augen kaufen. Es gibt auch eine Vielzahl technischer Belange, die berücksichtigt werden wollen, wenn die bekannte langlebige Schönheit keramischer Fliesen nicht nur Wunschtraum, sondern sichere Realität sein soll. Ebenso wie sich nicht jeder Lack für jeden Untergrund und jede der vielen möglichen Beanspruchungsarten eignet, kann auch nicht jede Fliese überall verlegt werden.

Als Wegweiser und Entscheidungshilfe für die richtige Fliesenwahl soll der folgende Überblick den Fliesenkauf erleichtern.

Materialkunde: Steingutfliesen

Fein- und Grobkeramik

Fliesen bestehen aus einer speziell aufbereiteten Mischung verschiedener Tonerden, die formgepreßt und anschließend gebrannt werden. Der Fliesenkörper wird als Scherben bezeichnet. Dieser kann in der Masse durchgefärbt sein oder eine transparente oder deckende Glasur aufweisen. Manche Fliesen sind außerdem mit einem Dekor versehen, das ein- oder mehrfarbig ist. Je nach Fliesentyp und Preisklasse wird dieser Dekor durch Abziehbildtechnik, Siebdruck oder Handmalerei aufgebracht. Zudem kann die Fliesenoberfläche reliefartig geprägt sein.
Fliesen unterscheiden sich nicht nur durch äußeres Erscheinungsbild und Preis, sondern ganz besonders durch die Zusammensetzung und die Porosität ihres Scherbens.

Feinkeramische Fliesen
Sie stellen den größten Teil des Angebots dar. Sie besitzen grundsätzlich einen feinkörnigen, kristallinen Scherben. Man unterscheidet dabei Steingutfliesen und Steinzeugfliesen.

Steingutfliesen besitzen einen relativ weichen weißen, gelbli-

Glasierte Steingutfliesen an der Wand

Kombinationsvielfalt

Materialkunde: Glasierte Steinzeugfliesen

Bodenbelag mit Dekor

Ein Teppich aus Keramik

chen oder auch rötlichen Scherben und sind leicht zu bearbeiten. Sie werden in der Regel trocken gepreßt und bei Temperaturen über 1000°C gebrannt. Ihr poröser Scherben nimmt relativ stark Wasser auf. So sind Steingutfliesen daran zu erkennen, daß ein auf die Fliesenrückseite gegebener Wassertropfen langsam aufgesogen wird. Aufgrund dieser relativ hohen Wasseraufnahme sind Steingutfliesen nicht zur Verlegung im Freien geeignet. Das aufgenommene Wasser würde den Fliesenscherben bei Frost sprengen. Ihr Einsatz beschränkt sich somit einzig und allein auf den Innenbereich. Steingutfliesen sind klassische Wandfliesen für Küche und Bad. Sie eignen sich uneingeschränkt zum Einsatz im Naßbereich von Innenräumen: Ihre Oberfläche ist durch eine Glasur versiegelt, und über die Fliesenkanten und die Unterseite kann bei Innenverlegung nur wenig Wasser aufgenommen werden.

Ihre Glasur ist allerdings relativ weich und damit mechanisch nicht belastbar. Als Bodenfliesen eignen sich Steingutfliesen des-

Materialkunde: Unglasierte Steinzeugfliesen

halb nur für barfuß oder mit weich besohltem Schuhwerk begangene Flächen im Privatbad. Bodengeeignete Steingutfliesen sind üblicherweise durch ein Fußsymbol gekennzeichnet.

Überall dort, wo Fliesenböden mit Straßenschuhen begangen werden, weicht man deshalb beim Bodenbelag gern auf **glasierte Steinzeugfliesen** aus, die vielfach in Farbe und Format passend abgestimmt als Ergänzung zu Steingutfliesen angeboten werden.

Steinzeugfliesen stellen also die zweite große Gruppe der feinkeramischen Fliesen dar. Ihr Scherben ist ebenfalls feinkörnig und kristallin. Im Gegensatz zu Steingutfliesen ist dieser Scherben bei Temperaturen um 1200°C dicht gesintert. Dadurch wird nicht nur eine größere Härte und Beanspruchbarkeit erreicht, sondern auch die Wasseraufnahme deutlich reduziert. Sie liegt in der Regel zwischen 1,5 bis höchstens 2,5 Prozent. Diese Fliesen sind dadurch frostbeständig und auch für eine Verlegung im Außenbereich geeignet.
Glasierte Steinzeugfliesen sind

Wetterfest und frostsicher: Steinzeugfliesen

mit und ohne Dekor, glatt und reliefiert, matt oder glänzend glasiert erhältlich. Mattglasuren bieten bei Nässe eine etwas bessere Standsicherheit als glänzende. Die Glasur schützt die Fliesenoberfläche zuverlässig gegen Fleckbildner. Sie ist aber nicht so widerstandsfähig gegen mechanische und chemische Beanspruchungen wie die Oberfläche unglasierter Steinzeugfliesen.

Je nach Glasurtyp können solche Fliesen mehr oder weniger empfindlich gegen Abriebbeanspruchung sein. Nach der derzeit gültigen DIN EN 176 werden bei glasierten Steinzeugfliesen fünf **Abriebgruppen** unterschieden (vgl. Seite 22). Diese vermitteln grundlegende Aussagen über die Beanspruchbarkeit.

Daneben gibt es auch **unglasierte Steinzeugfliesen**. Ihr Scherben ist durchgefärbt, muß aber keineswegs einfarbig sein. Es gibt melierte, marmorierte wie auch geflammte Ware und sogar unglasierte Fliesen mit Dekor, das durch in die Fliesen eindringende Metallsalze erzeugt wird, die im Siebdruckverfahren aufge-

Materialkunde: Grobkeramik

Warm und wohnlich: Tonfliesen

Widerstandsfähig: Spaltplatten

bracht werden. Es gibt auch an Naturstein erinnernde Steinzeugfliesen mit reliefartig geprägter Oberfläche.
Unglasiertes Steinzeug hat meist einen rustikalen Charakter und läßt auch unter stärkster Beanspruchung kaum Abnutzungsspuren erkennen.

Die Oberfläche des Scherbens ist mikrorauh und bietet so bei Nässe noch eine gute Standsicherheit. Das Fehlen einer Glasur macht solches Material allerdings anfällig gegen färbende Substanzen, die Flecken hinterlassen (z.B. Wimperntusche, Tinte, Obst- und Gemüsesäfte, Rotwein, Öl).

Abhilfe schafft eine nachträgliche Oberflächenbehandlung des frisch verlegten, noch unbenutzten Belags mit Paraffinöl, das den Fliesen einen schönen, warmen Seidenglanz verleiht. Andere Öle sind ungeeignet, weil sie kleben und somit Staub und Schmutz anziehen. Sie steigern außerdem die Rutschgefahr.

Außerdem gibt es im Handel auch spezielle Fleckschutzmittel zur Vorbehandlung unglasierter Steinzeugfliesen.

Fliesen aus Ton

Neben Steingut- und Steinzeugfliesen gibt es für den Wohnbereich auch noch Tonfliesen. Sie sind in der Regel unglasiert und zeigen die Naturfarbe gebrannten Tons. Die Farbskala reicht von Gelb- über Rottöne bis zu Braun.
Tonfliesen passen besonders gut ins Landhaus-Milieu. Sie sind aber wegen der fehlenden Glasur fleckanfällig. Einlassen mit Paraffinöl oder anderen Fleckschutzmitteln verringert das Fleckrisiko, muß aber in Abständen wiederholt werden.

Grobkeramik

Neben feinkeramischen Fliesen gibt es auch Platten aus Grobkeramik. Die Unterscheidung »fein« oder »grob« bezieht sich auf die Größe der Masseteilchen und die Gleichmäßigkeit des Scherbengefüges.

Der technologische Fortschritt hat die Grenzen zwischen Fein- und Grobkeramik allerdings fließend werden lassen. Meist versteht man heute unter Grobkeramik sogenannte **Spaltplatten**, die einen ausgeprägt rustikalen Charakter haben.

Materialkunde: Formate und Formen

Formate, Formen, Dicken, Dekore

Das Angebot unterschiedlicher Fliesenformate ist mindestens ebenso weit gefächert wie das der Farben und Dekore.

Da das Planungsraster im Bad auf einem Grundmaß von 60 cm aufbaut, entsprechen die klassischen, quadratischen **Steingutfliesen** diesem Rastermaß durch die Formate 15x15, 20x20 und 30x30 cm. Es gibt auch Hochformate wie 15x20, 15x25, 20x25 und 20x30 cm, die diesem System entsprechen. Daneben gibt es aber auch das Format 25x25 cm und vornehmlich für Küchen die Größe 10,8x10,8 cm. Die Dicke feinkeramischer Steingutfliesen liegt in der Regel je nach Format zwischen 5 und 9 mm.

Bei der Dekoration von Steingutfliesen zeigen sich verstärkt modische Einflüsse wie Lüsterglanz, Metallic-Effekte und die Kombination von Matt- und Glanzoberflächen. Der Trend geht verstärkt zu Fliesen im Edel-Look, und Golddekore findet man jetzt auch zunehmend im Baumarkt. Bei Fliesen mit Effektglasuren können in Außenecken Probleme auftreten, da das Glasurbild an den Kanten von dem der Fläche

Kombinationsvielfalt

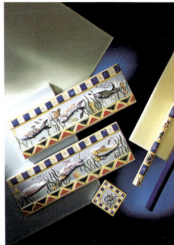
Dekorleisten

Dekorband und diagonal verlegte Bodenfliesen

11

Materialkunde: Bordürenfliesen und Leisten

abweicht. In solchen Fällen müssen die Fliesen für Außenecken auf Gehrung (Jolly-Schnitt) geschnitten werden. Wer solchen Aufwand scheut, sollte auf eine andere Fliese ausweichen, die keine Kantenprobleme verursacht.

Beschränkte man sich früher auf Dekorfliesen zur einheitlichen Gestaltung oder zum Einstreuen in undekorierte (d.h. mit sogenannten Leerfliesen gefliste) Flächen, so bieten sich heute zusätzliche Gestaltungsmöglichkeiten in Form von **Fliesenbildern** aus zwei und mehr Einzelfliesen bis hin zu quadratmetergroßen Motiven an. Weitere interessante Variationen ergeben sich durch **Bordürenfliesen** und **keramische Leisten**, mit denen sich Rahmen und Bänder gestalten, aber auch mit etwas Geschick architektonische Probleme überspielen lassen.

Zu manchen Fliesenserien gibt es auch keramische Formteile wie **Winkelleisten** für Innen- und Außenecken, die die Ausbildung harmonischer und auch pflegeleichter Übergänge und Belagsabschlüsse erlauben.

Bei **Steinzeugfliesen** ist das Angebot an Formen und Formaten wesentlich umfangreicher als bei Steingutfliesen. Das Angebot unterschiedlicher Formen reicht vom klassischen Quadrat über das Rechteck bis zu Sechs- und Achtecken.

Aufeinander abgestimmte Formate erlauben dabei häufig interessante Formatkombinationen – zum Beispiel von Quadraten und sechseckigen Langformaten (Schiffchen) oder von großen Quadraten und schmalen Rechtecken als Rahmen, wobei die Ecken durch kleine, möglicherweise andersfarbige Quadrate ausgefüllt werden. Interessant sind Formatkombinationen auch, wenn ganze Geschoßflächen farblich einheitlich gefliest werden, die Böden der einzelnen Räume sich aber dennoch durch das Fugenbild unterscheiden sollen. Da Steinzeug frostbeständig ist, kann man einen Belag auch auf der Terrasse fortsetzen.

Neben Recht- und regelmäßigen Vielecken gibt es Steinzeugfliesen auch in geschwungener **Ornamentform**, **Quadrate** mit flie-

ßenden Kanten, die an handgeformte Fliesen erinnern, und eine Vielfalt an **Mosaikfliesen**. Letztere sind üblicherweise durch ein rückseitig aufgeklebtes Papiernetz zu verlegegünstigen Tafeln zusammengefaßt. Bei manchen Fliesen klebt das Papiernetz auch auf der Vorderseite und wird nach dem Verlegen abgewaschen.

Profitip
Fliesen sind nur über eine begrenzte Zeit nachlieferbar. Angebotsfliesen stammen oft aus auslaufenden Serien und sind nicht nachkaufbar. Selbst wenn Fliesen nach einiger Zeit nachbeschafft werden können, sind abweichende Farbnuancen nicht auszuschließen. Deshalb sollte man Fliesen eher großzügig einkaufen und eine kleine Reserve bereithalten, falls im Bad einmal die Wand oder der Fußboden aufgestemmt werden müssen, oder Bodenfliesen beim Aufprall schwerer Teile beschädigt werden sollten.

Das Formatangebot ist reichhaltig. Es gibt beispielsweise das groschengroße **Mikromosaik**,

Materialkunde: Stäbchen- und Mittelmosaik

Fliesenbild

Dünn wie Teppichboden und

trotzdem stark: Renovationsfliese

das sich auch um Rundungen kleben läßt und bei der Altbaumodernisierung das Problem der Rohraustritte ebenso elegant löst wie es Anschlußverlängerungen durch seine geringe Dicke von etwa 4 bis 5 mm überflüssig macht.
Das Angebot reicht weiter über **Stäbchenmosaik** bis hin zum **Mittelmosaik** mit einer Kantenlänge von beispielsweise 5x5 cm oder auch 7,5x7,5 und 7,5x10 cm.

Die Formatabstufung bei den quadratischen Einzelfliesen reicht von Großformaten wie 60x60 cm über 40x40, 30x30, 25x25 bis zu 20x20, 10,8x10,8 oder auch 10x10 cm.

Spezialitäten wie **Treppenauftrittsfliesen** und **Sockelriemchen** runden das Angebot funktionsgerecht ab.

Auch bei Steinzeugfliesen ist die Scherbendicke formatabhängig. Sie reicht von 4,8 mm bei Mosaik bis zu 11 bis 13 mm bei Großformaten. Für den Einsatz bei der Althausmodernisierung gibt es allerdings auch Großformate, sogenannte **Renovationsfliesen**, die bei gleicher Beanspruchbarkeit wie normale Steinzeugfliesen nur 6 bis 7 mm Dicke aufweisen und so Schwellenprobleme im Anschluß an Teppichboden vermeiden.

Das **Farbspektrum** reicht bei Steinzeugfliesen von satten, reinen Farben über Pastelltöne bis zu typischen Ton- und Erdfarben. Für den Kücheneinsatz gibt es sowohl dekorierte als auch reliefierte Steinzeugfliesen.

Materialkunde: Waschbetonplatten

Beton-, Marmor- und Steinplatten

Klassisch: Marmorfliesen

Waschbetonplatten werden vorzugsweise in Auffahrten, aber auch für Parkplätze und Terrassen verlegt. Neben einer Verlegung auf einem Planum aus Beton kommt im Gelände auch eine lose Verlegung in einem Sandbett in Frage.

Das Erscheinungsbild von Waschbetonplatten hängt von der strukturbildenden Deckschicht ab, die aus feinem bis grobem Kies besteht. Durch ihre rauhe Oberfläche sind sie auch bei Nässe trittsicher. Ihr frostfestes Grundmaterial Beton macht sie zu einem idealen Freibelag.

Betonwerksteine sind ebenso robuste wie preisgünstige Beläge für hochbeanspruchte Freiflächen. Ihr Erscheinungsbild wird maßgeblich durch die eingesetzten Zuschlagstoffe, aber auch durch etwaige Oberflächenbearbeitung beeinflußt. Hochwertige, wetterbeständige Pigmente erlauben auch interessante farbige Ausführungen.

Marmor ist ein besonders edler und auch entsprechend kostspieliger Werkstoff, der ein breit gefächertes Farb- und Qualitätsspektrum aufweist. Als Kalkge-

Neben fein- und grobkeramischen Fliesen sowie Tonfliesen bieten sich auch Platten aus **Beton- oder Naturstein** an. Die Skala reicht von relativ empfindlichem Marmor über robuste Natursteinplatten aus Granit, Quarz, Schiefer (die bekannten Solnhofener Platten) bis zu Beton und Waschbeton.

Mit Ausnahme von Marmor werden solche Platten vorwiegend für Außenflächen gewählt. Hohe Dichte und ihre im Vergleich zu Fliesen größere Dicke prädestinieren sie für hoch beanspruchte Flächen (z.B. Auffahrten, Freiflächen und Wege im Garten, Parkplätze). Sie lassen sich sowohl im Mörtelbett als auch auf Stelzlagern (vgl. dazu Seite 45) verlegen.

Materialkunde: Schiefer, Granit

stein ist Marmor empfindlich gegen Säuren, d.h. auch gegen sauren Regen. Auch in geschliffener Form ist seine Oberfläche mikroporös, so daß färbende Fleckbildner tief in das Material eindringen können, wenn man sich nicht für Platten mit versiegelter Oberfläche entschieden hat.

Da Marmor relativ weich ist, eignet er sich als Bodenbelag nicht überall. Zum Verfugen sind Materialien zu verwenden, die frei von kratzenden Bestandteilen sind.

Schiefer gibt es in einer breit gefächerten Farbskala vom berühmten Schiefergrau bis zu gelblichen Sandtönen. Es gibt Platten mit geschliffener Oberfläche und solche, die das typische Spaltbild zeigen. Solnhofener Platten werden üblicherweise mit unregelmäßigen Außenkonturen geliefert. Dickentoleranzen lassen sich über das Mörtelbett ausgleichen.

Granit ist dank seiner großen Härte ebenfalls gut für Außenbeläge geeignet. Geschliffene Platten können bei Nässe recht glatt sein, weshalb rauhere Oberflächen vorzuziehen sind.

Farbiger Schieferboden

Formate und Formen

Je nachdem, ob die Platten direkt durch Spalten oder Sägen aus in der Natur vorkommendem Gestein gewonnen oder durch Binden von Gesteinsmehl oder Granulat mit zementartigen Zuschlagstoffen hergestellt werden, spricht man entweder von Natursteinplatten oder von Naturwerksteinplatten.

Hinsichtlich Formen und Formaten bieten beide Gruppen eine große Vielfalt. **Natursteinplatten** werden gern in unregelmäßigen Formen und Farbschattierungen verlegt, so daß sich ein puzzleartiger, sehr lebendiger Belag ergibt. Daneben gibt es bei Naturstein- und Naturwerksteinplatten natürlich auch klassisch quadratische und rechteckige Formen.

Materialkunde: Kleberstoffe

Geeignete Kleber

Für die Verlegung feinkerami-scher Fliesen eignen sich
- verarbeitungsfertige Disper-sionskleber,
- mit Wasser anzusetzende Pul-verkleber,
- durch chemische Reaktion aushärtende Zwei-Komponen-ten-Kleber.

Dispersionskleber
Sie sind nicht frostbeständig und folglich nur innen anzuwenden. Sie kommen ausschließlich bei Wandfliesen zum Einsatz. Neuer-dings gibt es sie auch in einer wasserdichten Einstellung, die die Verklebung von Fliesen auf feuchtigkeitsempfindlichen Un-tergründen wie Gipskartonplat-ten, Porenbeton und Spanplatten zuläßt.

Die abdichtende Funktion wird al-lerdings nur erreicht, wenn der Kleber zunächst mit der Glättkel-le vollflächig als 1 mm dicke Dichtschicht aufgetragen und nach der Aushärtung das eigent-liche Kleberbett mit der Zahnkel-le aufgezogen wird. Ecken und Anschlüsse müssen bei diesem Verfahren mit in die Dichtschicht eingearbeitete Armierungsstrei-fen verstärkt werden.

Pulverkleber
Diese dienen in der Regel zur Verklebung von Bodenfliesen, sind aber auch bei Wandfliesen einsetzbar. Sie sind in der Regel frostbeständig und somit auch für Außenflächen geeignet.

Durch Zusatz von Kunst-stoff-Dispersion lassen sich die Eigenschaften günstig beeinflus-sen, wenn es zum Beispiel um wasserdichte Verklebungen geht oder wenn ein spezieller Unter-grund wie Holz- oder Spanplatten eine gewisse Elastizität notwen-dig macht. Außerdem gibt es auch von Haus aus flexibel ein-gestellte Pulverkleber.

Zwei-Komponenten-Kleber
Diese sind in der Regel auf Epo-xidharz-Basis **(Epoxidkleber)** aufgebaut und lassen sich drau-ßen wie drinnen zur Verklebung von Fliesen auf dichten Unter-gründen wie Keramik, Glas oder Metall, vor allem aber zu wasser-dichten Verklebungen einsetzen. Wichtig ist eine exakte Einhal-tung des vorgeschriebenen Mi-schungsverhältnisses. Auch bei Zwei-Komponenten-Klebern muß zunächst eine Dichtschicht auf-gezogen werden, auf die nach der Aushärtung das eigentliche Kleberbett aufgebracht wird. Sol-che Kleber eignen sich in der Re-gel auch zum Verfugen. Sie erge-ben bei Arbeitsplatten nicht nur fleckunempfindliche und pfle-geleichte, sondern zugleich ab-solut dichte Fugen. Wichtig ist, daß überschüssiges Fugenmate-rial vor dem Aushärten restlos entfernt wird.

Egal auf welchem Untergrund die Verklebung erfolgt, er muß in je-dem Fall sauber, trocken und tragfähig sein.

Sicherheitstip
Bei der Verarbeitung von Epo-xid-Klebern sollten Sie Gummi-handschuhe tragen.

Über die Vorbehandlung und die richtige Kleberwahl informiert die Tabelle auf Seite 17.

Profitip
Im Außenbereich sollten Sie auf Frostbeständigkeit von Fliesen, Kleber und Verfugung achten. Dispersionskleber sind nicht, Pulverkleber sind in der Regel frostbeständig, Zwei-Kompo-nenten-Kleber sind es immer.

Materialkunde: Kleberstoffe

Untergrund	Vorbehandlung	geeignete Kleber
Beton Zementestrich	——— ———	Pulverkleber
unbehandelter Kalk- bzw. Zementputz	tiefgrundieren	Dispersionskleber Pulverkleber
Porenbeton	tiefgrundieren eingestellter Pulverkleber	Dispersionskleber flexibel
Gipsputz, Gipsbauplatten	tiefgrundieren, falls Wasserdichtigkeit verlangt, vollflächig mit dichtendem Dispersions- oder Pulverkleber abziehen	Dispersionskleber Pulverkleber (wenn nötig, wasserdichte Einstellung)
Gipskarton allgemein ● ohne Wasserbe- anspruchung ● mit Wasserbe- anspruchung	bei imprägnierten Platten keine, sonst tiefgrundieren vor Fliesenkleben Sperrschicht aus Kleber vorlegen, härten lassen und dann Kleber aufziehen	Dispersionskleber Pulverkleber wasserdichter Dispersions- kleber, Pulverkleber oder Zwei-Komponenten-Kleber
Spanplatten, Sperrholz bei Wasserbean- spruchung	anschleifen	Dispersionskleber, flexibel eingestellter Pulverkleber. Zwei-Komponenten-Kleber
Feste Anstriche	anschleifen oder anlaugen	Dispersionskleber
kreidende bzw. lose Anstriche	abwaschen, anschließend tiefgrundieren	Dispersionskleber
Altfliesen unglasiert (Boden)	mit Fettlöser abwaschen	Pulverkleber flexibel eingestellt
Altfliesen glasiert	mit Fettlöser abwaschen evtl. anpicken	Dispersionskleber Pulverkleber, Zwei- Komponenten-Kleber
Metall	entfetten	Zwei-Komponenten-Kleber

Materialkunde: Fugenmassen

Fugenmaterialien

Fugenweiß einrakeln

Fugengrau für Bodenflächen

Epoxid-Verklebung

Fugenmassen bestehen aus einem Füllstoff und einem Bindemittel, manchmal enthalten sie auch noch Farbstoffe. Die meisten Fugenmassen binden hydraulisch ab, d.h. durch chemische Reaktion des Bindemittels mit Wasser. Üblicherweise wird die vorgeschriebene Wassermenge in ein sauberes Gefäß gegeben und die entsprechende Mörtelmenge zugegeben. Man läßt diese eine zeitlang »sumpfen«, d.h. das Wasser aufsaugen, und arbeitet die Masse dann intensiv mit einer Kelle durch. Nach einer Ruhezeit wird noch einmal kräftig mit der Kelle nachgemischt. Bei größeren Mengen empfiehlt sich der Einsatz eines Rührers, der in das Bohrfutter einer entsprechend leistungsfähigen Bohrmaschine gespannt wird. Nach dem Mischen sollten Sie das Werkzeug mit Wasser reinigen.

Ökotip
Lassen Sie bei der Reinigung des Werkzeugs feste Bestandteile von Fugenmaterial im Wasser absinken. Nachdem Sie das klare Wasser abgegossen haben, können Sie den Rest als Bauschutt entsorgen.

Für die verschiedenen Fliesen- und Verlegearten gibt es naturgemäß auch unterschiedliche Fugenmörtel.

Fugenmörtel
Fugenweiß enthält helle mineralische Füllstoffe, weiße Pigmente und weißen Zement als Binder. Es wird vorwiegend bei weißen Fliesen eingesetzt; man kann es aber auch fugenbetonend bei schwarzen, dunkelblauen und anderen dunkeltonigen Fliesen einsetzen. Sind Abrieb- und Biegefestigkeit der Verfugung gefordert, ist **vergütetes Fugenweiß** einzusetzen, das zum Beispiel als »Fugenweiß plus« im Handel erhältlich ist. Wegen der Empfindlichkeit weißer Fugen eignet sich Fugenweiß vorzugsweise zum Inneneinsatz und nur für Wandfliesen in Bereichen, wo nicht mit Verschmutzung durch spritzende Flüssigkeiten zu rechnen ist. So sollten an Arbeitsplatten oder Herdflächen angrenzende Fliesen in der Küche nicht mit Fugenweiß verfugt werden. Hier bieten sich eher Fugenmassen auf Epoxidharz-Basis an. Alternativ lassen sich solche Fugen auch mit dem weniger empfindlichen Fugengrau verfugen.

Materialkunde: Fugenmassen

Fugengrau wird wegen seiner geringeren Empfindlichkeit innen wie außen gern zur Verfugung von Bodenflächen benutzt. Es ist auch dort angebracht, wo Fliesenflächen mit Schmutzwasser und anderen zur Fleckbildung neigenden Substanzen in Berührung kommen. Dank der härteren Zuschlagstoffe und der Bindung mit grauem Zement ist Fugengrau abriebfester und bei guter Qualität auch in einem gewissen Umfang biegefest.

Fugenbunt wird kontrastierend zum Beispiel rot oder schwarz zu weißen Fliesen oder auch Ton-in-Ton eingesetzt. Es ist nur in Kombination mit glasierten Fliesen anzuwenden, da Rückstände der farbigen Pigmente von unglasiertem Material nicht spurlos zu entfernen sind. In besseren Qualitäten ist Fugenbunt in einem gewissen Rahmen auch abrieb- und biegefest.

Fugenbreit kommt bei rustikalen Fliesen und größeren Formaten von Bodenfliesen bei Fugenbreiten von 5 bis 20 mm innen wie außen zum Einsatz. Neben grauen Farben sind auch meist gedeckte Einstellungen wie Anthrazit, Balibraun und Beige im Handel, die ebenfalls nur bei glasiertem Material einzusetzen sind. Speziell vergütete Einstellungen sind zu wählen, wenn Abrieb- und Biegefestigkeit gefordert sind. Für nicht starre Untergründe wie Holzdielen gibt es auch flexibel eingestellte Varianten.

Profitip
Vorsicht bei Marmor, Naturstein und anderen empfindlichen Belägen! Diese werden praktisch wie keramische Fliesen verlegt. Aufgrund ihrer speziellen Eigenschaften sind jedoch die beim Fliesenlegen üblichen Werkstoffe nicht materialgerecht. Hier sind Spezialkleber zum Verkleben nötig. Bei den Fugenmassen kommen spezielle Einstellungen zum Einsatz, die frei von scharfem Quarzmehl sind und somit keine Kratzer auf empfindlichen Marmorflächen verursachen. Spezielle Silikonmassen verhindern Verfärbungen von Marmor und anderen Belägen.

Epoxid-Kleber eignen sich außer zum Verkleben von Fliesen auf dichten Untergründen und als Dichtkleber auch zum Verfugen

Weiß-rote Fliesen und rote Fugen

Eckfuge versiegeln

Anschlußfuge anspritzen

19

Materialkunde: Fugenmassen

von Fliesenflächen wie Arbeitsplatten, Wandfriesen im Spritzbereich und ähnlichen Bereichen. Sie sind üblicherweise in den Farben Grau, Weiß und Schwarz erhältlich; sie ergeben eine wasserdichte, fettbeständige Verfugung. Man sollte beim Einrakeln unbedingt darauf achten, daß die Fugen zwar gut gefüllt, aber sowenig wie möglich Material auf der Fliesenoberfläche verbleibt. Diese Reste sind auf jeden Fall vor dem Abbinden restlos zu entfernen, da sie danach abgekratzt werden müßten, was in der Regel nicht ohne Fliesenschäden vonstatten geht.

Ökotip

Die Komponenten von Epoxid-Klebern sind als Sondermüll zu entsorgen. Ausreagiert sind sie weniger kritisch als flüssig, deshalb ist es ratsam, nicht mehr zu gebrauchende Reste zu vermischen und aushärten zu lassen.

Fugenmassen für Dehnungs- und Anschlußfugen

Baufugen sind häufig nicht nur Elemente zur optischen Flächengliederung. Oft haben sie auch als Dehnungs- oder Anschlußfu-

gen eine technische Funktion. **Dehnungsfugen** schaffen bei großen Flächen Bewegungszonen, in denen die durch Wärmeausdehnung oder Kälteschrumpfung bedingten Spannungen im Baustoff abgebaut werden. Undichtigkeit durch Risse wird so vermieden.

Anschlußfugen sollen das unterschiedliche Dehnverhalten angrenzender Materialien auffangen und so ebenfalls eine Rißbildung verhindern. Beides gelingt allerdings nur, wenn geeignete Fugenfüller zum Einsatz kommen, die Fugen richtig plaziert und dimensioniert sowie fachgerecht ausgeführt werden.

Dauerelastische Fugenmassen

Bei großen Terrassen und Balkonen sollte die Fliesenfläche im Abstand von 6 bis 7 m durch eine **Dehnungsfuge** unterbrochen werden. Dabei muß die Dehnungsfuge durch alle Schichten geführt werden.
Den Abschluß bildet in der Regel eine dauerelastisch verfüllte Dehnungsfuge im Fliesenbelag. Hierbei werden in der Regel **Silikonfugenmassen** verwendet, die sich durch hohe Haftung und Ela-

stizität sowie auch durch unverzichtbare Wetter- und UV-Beständigkeit auszeichnen.
Bevor die Dehnungsfuge verfüllt wird, muß sichergestellt werden, daß die Fugenmasse nur an den Fugenflanken, nicht aber am Fugengrund haftet. Hierzu kann man den Fugengrund mit einem Tesakreppstreifen abkleben oder aber auch ein Schaumgummiprofil in die Fuge eindrücken, das zugleich Versiegelungsmaterial sparen hilft.

Profitip

Um eine sichere Haftung der Fugenmasse an den Fugenflanken sicherzustellen und auf diese Weise ein Abreißen zu verhindern, sind die Kontaktflächen gründlich von Staub und Schmutz zu reinigen und möglichst mit einem auf die Fugenmasse abgestimmten Haftvermittler (Primer) vorzubehandeln. Natürlich müssen die Kontaktflächen trocken sein, um eine gute Haftung zu erreichen.

Nur bei einer korrekten Zwei-Flanken-Haftung (d.h. allein an den seitlichen Fugenbegrenzungen) kommt die Elastizität der Fugenmasse zum Tragen: Dimen-

Materialkunde: Fugenmassen

sionsänderungen der Fuge durch Stauchung oder Dehnung werden aufgefangen.
Um eine Verunreinigung des Umfelds zu vermeiden, wird dieses am besten mit Malerkrepp abgeklebt. So ergibt sich auch nach dem Glätten der Fugenmasse mit der Fingerkuppe oder einem leicht gewölbten Spatel ein sauberes Bild. Damit die Fugenmasse nicht am Finger oder Spatel haftet, wird Wasser mit Spülmittel als Trennhilfe benutzt.

Anschlußfugen an Fenster- und Türzargen werden häufig ebenfalls mit **Silikonfugenmassen** ausgeführt, auf denen allerdings keine Anstriche haften. Soll die Fuge überstreichbar sein, muß man auf **Acryl-Fugenmassen** ausweichen, die jedoch in ihrer Dehnbarkeit hinter Silikonmassen etwas zurückstehen. Zum Ausgleich sind sie entsprechend breiter auszuführen.

Dauerplastische Fugenmassen
Dort, wo ein Fliesenbelag an die Hauswand anstößt und keine mechanische Beanspruchung der Fugenfüllung durch Begehen zu erwarten ist, werden dauerplastische Dichtungsmassen einge-

Reinigen mit Weichholzsägemehl

setzt. Sie trocknen an der Luft und bleiben unter der so gebildeten Haut dauerplastisch. Bei extremer Dehnung der Fuge reißt die Haut auf und bildet sich aus dem darunterliegenden Material neu, so daß die Fuge auch hier dicht bleibt.

Mittel zur Nachbehandlung
Zum Reinigen von neuen Fliesenbelägen verwenden Profis der alten Schule gern **Weichholzsägemehl**. Das bindet sowohl überschüssige Feuchtigkeit als auch das Fugenmaterial auf der Fliesenoberfläche.
Wichtig ist, daß wirklich nur reines Weichholzsägemehl verwendet wird, da Hartholzspäne zur Verfärbungen der Fugen führen können.

Bei frisch verlegten Fliesen bleibt zuweilen nach dem Abwaschen und Abreiben mit einem weichen Tuch ein leichter Grauschleier zurück. Bei glasiertem Material hilft meist ein leichtes Nachwaschen mit **Essigwasser**.

Bei Bodenfliesen und Fliesen mit unglasierter beziehungsweise reliefierter Oberfläche hilft eher der Einsatz von **Zementschleierentferner**. Er löst Zementschleier, darüber hinaus auch Mörtelreste und Kalkausblühungen. Umweltfreundliche Produkte sind salz- und flußsäurefrei und greifen daher auch keine Chromteile an, so daß sich deren Demontage oder komplette Einhüllung in Folie erübrigt. Solche Produkte werden im vorgeschriebenen Mischungsverhältnis mit Wasser verdünnt und mit einem Schrubber oder einer Bürste aufgetragen. Kräftiges Bürsten löst in der Regel auch hartnäckige Rückstände. Zum Schluß sollten Sie mit klarem Wasser nachwaschen. Solche Produkte lassen sich auch zur Entfernung von Kalkablagerungen aus hartem Wasser auf Fliesen, in Badewannen und Waschbecken oder auch an Armaturen einsetzen.

Materialkunde: Abriebgruppen

ABRIEBGRUPPEN

Fliesen der **Abriebgruppe I** sind heute relativ selten geworden, da die Glasurtechnologie inzwischen soweit fortgeschritten ist, daß die meisten Glasuren mehr als nur sehr leichte Beanspruchung vertragen (d.h. Begehung nur barfuß oder in Pantoffeln, keinerlei kratzende Verschmutzung).

Die **Abriebgruppe II** umfaßt Bodenbeläge mit niedriger Begehungsfrequenz mit normalem Schuhwerk und unter geringer kratzender Verschmutzung. Hierunter fällt der private Wohnbereich außer Küche, Treppe, Terrasse und Loggia.

Glasierte Fliesen der **Abriebgruppe III** sind für mittlere Beanspruchung ausgelegt. Dabei wird eine mittlere Begehungsfrequenz unter kratzender Beanspruchung und mit normalem Schuhwerk vorausgesetzt. Damit eignen sich Fliesen dieser Abriebgruppe für den gesamten Wohnbereich einschließlich Küche, Diele, Flur, Balkon und Loggia.

Fliesen der **Abriebgruppe IV** sind einer noch stärkeren Beanspruchung hinsichtlich Belastungshäufigkeit und Verschmutzung gewachsen und damit im privaten Bereich uneingeschränkt einzusetzen. Sie eignen sich auch sehr gut als Belag für Arbeitsplatten in der Küche. Dieses Material widersteht der Beanspruchung durch normales Schuhwerk unter Einwirkung von hereingetragenem Schmutz auch bei stärkerer Begehungsfrequenz. Es eignet sich deshalb ohne jede Einschränkung für den Einsatz in privaten als auch in öffentlichen Gebäuden.

Für Anwendungsbereiche mit sehr starkem Publikumsverkehr stehen Fliesen der **Abriebgruppe V** mit sehr hohem Verschleißwiderstand zur Verfügung.

Grundsätzlich ist auch bei glasiertem Steinzeug der höheren Abriebgruppen bei starker mechanischer Beanspruchung eine Oberflächenveränderung gegenüber weniger strapazierten Stellen des Belags nicht auszuschließen.

Euro-Norm (EN)

Wenn es um die Qualität von Fliesen geht, fehlt es vielen Heimwerkern an Orientierungshilfen. Deshalb ist es ratsam, sich über die Fliesenqualität rechtzeitig zu informieren.

In der EN 186 für glasiertes Steinzeug und in der EN 159 sowie EN 176 für Steingutfliesen sind die Mindestanforderungen an Qualitätsfliesen festgelegt. Dabei geht es nicht nur um die Wasseraufnahme des Scherbens und die Abriebfestigkeit von Glasuren, sondern auch um Maßtoleranzen, Rechtwinkligkeit und Ebenflächigkeit der Fliesen, aber auch um ihre Druck- und Biegefestigkeit. Diese technischen Anforderungen entscheiden nicht nur über den Nutzeffekt des Fliesenbelags, sondern auch über sein Erscheinungsbild und die mehr oder weniger leichte Verlegung des Materials.

Außerdem gibt es neben der Klassifizierung »1. Sorte« auch eine sogenannte »Mindersorte«. Diese umfaßt Fliesen mit Farbabweichungen, eventuell auch mit anderen sichtbaren Fehlern. Solche Fliesen werden häufig für Wand- und Bodenflächen in Kellern oder in der Garage benutzt.

Planung: Mit Fliesen gestalten

Mit Fliesen gestalten

Planung: Mit Fliesen gestalten

Fliesenboden rund um den Kamin

Fliesen und Holz Ton in Ton

Wenn es um die Gestaltung von Wänden in Küche oder Bad, um Fußbodenflächen oder um Außenbereiche wie Balkon und Terrasse geht, erfreuen sich Fliesen großer Beliebtheit.

Keramische Fliesen zeichnen sich vor allem durch ein nahezu unbegrenztes Gestaltungsspektrum aus, zumal Keramik mit allen im wie am Haus eingesetzten Materialien zwanglos harmoniert.

Der **Material-Mix** eröffnet beim Wohnen vielfältige Möglichkeiten. Er kann funktionell erforderlich sein, wie zum Beispiel im Umfeld von offenen Kaminen und Kaminöfen, bei denen feuerpolizeiliche Vorschriften im Nahbereich der Feuerstelle einen unbrennbaren Bodenbelag fordern. Er kann aber auch rein gestalterischen Aspekten entspringen.

Nahezu selbstverständlich ist dabei die Kombination von Fliesen und Holz. Dabei werden vorzugsweise helle Fliesen mit hellen Hölzern Ton-in-Ton kombiniert. Interessant kann aber auch ein intensiv farbiger Boden, zum Beispiel in dunklem Flaschengrün, zu hellem Holz aussehen. Geeignete

Planung: Mit Fliesen gestalten

Harmoniepartner sind aber auch leicht rötlich getönte oder lederfarbene unglasierte Steinzeugfliesen zur Gestaltung rustikal anmutender Räume.

Dunkle Hölzer sollte man vorzugsweise mit ebenfalls dunklen Fliesen kombinieren, wenn es um Bodenbeläge geht. Mit schwarz lasiertem Naturholz harmonieren aber auch weiße, cremefarbene und silbergraue Fliesen, wenn es gilt, ein elegantes Ambiente zu gestalten.

Interessante Kombinationen bieten sich auch bei der Fußbodengestaltung an. Dünne **Renovationsfliesen** wie auch **Mittelmosaik** ermöglichen hier einen schwellenlosen und somit stolpersicheren Übergang von gefliesten Flächen zu Teppichböden. Solche Lösungen erfüllen oft nicht nur zwanglos alle praktischen Erfordernisse, sondern können ausgesprochen reizvoll sein. Im Eingangsbereich bietet sich zum Beispiel die Möglichkeit, in eine gefliese Fläche eine ebenflächige Fußmatte zu integrieren und an diese Schmutzschleuse den Teppichboden anschließen zu lassen.

In dieser Landhausküche geben Fliesen den Ton an

Fliesen und Teppich kombiniert

Planung: Mit Fliesen gestalten

Fliesenbordüre aus Langformaten

Holz und Fliesen kombiniert

Raumwirkung beeinflussen

Quer verlaufende Fliesenbänder zwischen einer Teppichbodenbahn können schmale Räume optisch breiter erscheinen lassen. In der Kellerbar ergibt ein Fliesenkarree, bündig in den Teppichboden eingelassen, eine ebenso dekorative wie funktionelle Tanzfläche, wobei in diesem Fall große Formate von Vorteil sind.

Ebenso kann die Kombination von Fliesen mit Holz auf dem Fußboden im rustikalen Umfeld wirkungsvolle Akzente setzen – zum Beispiel durch Aufteilung der Fliesenflächen mit sandgestrahlten und anschließend dunkel lasierten oder auch nur gewachsten Eichenplanken in gleicher Dicke wie die Fliesen, wobei das Holz am Boden angedübelt oder mit Epoxid-Kleber auf dem Estrich verklebt sein kann. So lassen sich große Flächen gliedern, aber auch Raumproportionen beeinflussen.

Ähnliche Effekte ergeben auch hell/dunkel oder farblich kontrastierende Fliesenstreifen aus in Format und Scherbendicke abgestimmtem Material.

Planung: Mit Fliesen gestalten

Profitip
Bei der Belagsgestaltung gilt die Grundregel: Für große Räume große Formate, für kleine Räume eher Mittelformate oder Mosaik verwenden. Aber auch hier gibt es Ausnahmen. So kann ein kleiner Raum durch großformatige Fliesen durchaus einen Hauch von Großzügigkeit erhalten.

Helle Fliesen lassen kleine Räume ebenfalls größer erscheinen. Sie liegen bei der Badgestaltung zur Zeit ohnehin im Trend.
Rechteck-Formate können, quer verlegt, fehlende Breite zumindest optisch korrigieren. Verstärkt wird dieser Effekt durch waagerechte Bänder, die in Schwarz, Weiß oder auch farbig die Horizontale betonen. Umgekehrt spielen senkrechte Streifen dem Betrachter mehr Raumhöhe vor. Dehnende Effekte haben auch diagonale Verlegemuster.
Bodenflächen lassen sich durch Formatkombinationen effektvoll gestalten, durch farblich nuancierte Fliesen auflockern oder durch Betonung einer Verlegerichtung zum Beispiel mit »Schiffchen« strecken.

Aufgeklebte Fliesen machen diese Tür zum schmucken Portal

27

Planung: Mit Fliesen gestalten

Farbenspiel mit Fliesen

Große Flächen werden nicht nur durch Fliesenbilder und Einstreudekore belebt. Hier sind auch keramische Leisten und Bordüren, die reliefiert sein können, ein wirkungsvolles Gestaltungsmittel. Damit kann man zum Beispiel im Bad die Sanitärteile, aber auch Ausstattungselemente wie Spiegel und nicht zuletzt in die Fläche integrierte Fliesenbilder einfassen. Farblich kann man sich dabei an der Farbe der Armaturen und Accessoires orientieren, die es in reizvoll farbigen Pulverlackierungen gibt.

Fliesentips für Renovierer

Die Althausmodernisierung ist seit Jahren ein aktuelles Thema, bei dem Fliesen eine große Rolle spielen, denn gerade an der Keramik wurde in der jüngeren Vergangenheit oft gespart. Von dünnen Renovationsfliesen und Mittelmosaik zur Vermeidung von Schwellenproblemen war schon die Rede. Mittel- und speziell Mikromosaik bewähren sich aber auch bei der Renovierung von Sanitärräumen und Küchen, wo viele Rohraustritte Schwierigkeiten bereiten können. Mittelmosaik reduziert die Probleme beim Ausarbeiten der Durchbrüche, während Kleinmosaik das zeitraubende Ausknabbern der Fliesen oft völlig überflüssig macht. Man läßt einfach zwei bis drei Mosaiksteinchen fehlen. Die bei Rohraustritten und Armaturen üblichen Rosetten decken die Öffnung so weiträumig ab, daß genaues Anpassen nicht nötig ist.

Farbenspiele

Neben hellen, pastelligen Tönen zeigen die aktuellen Fliesenkollektionen jetzt auch wieder verstärkt kräftige, klare Farben, die in Kombination mit Weiß zusätzliche Leuchtkraft gewinnen, aber auch mit abgestuften Pastelltönen reizvolle Gestaltungsmöglichkeiten eröffnen. Kräftige Farben erfordern allerdings schon etwas Umsicht, damit der Raum zwar farbig, aber nicht zu bunt wirkt. Wer auf der sicheren Seite bleiben will, beschränkt sich vorzugsweise auf Farbakzente durch in die Fläche eingestreute farbige Einzelfliesen oder einfache geometrische Muster aus farbigen Fliesen. Ebenso wirkungsvoll sind farbige Bänder, mit denen sich die Raumgeometrie optisch unterstreichen läßt.

Planung: Mit Fliesen gestalten

Fugen als Gestaltungsmittel

Wird eine besonders großzügige Raumwirkung angestrebt, läßt man sie in den Hintergrund treten und gleicht sie der Fondfarbe der Fliesen an.

Farbige Fugenmörtel und Sanitärfugendichter erlauben aber auch markante Fugenbilder. Zum Beispiel lassen sich durch die Kombination einer farbigen Einstreufliese mit einer gleichfarbigen Verfugung die Wandflächen in einem weißen Bad markant rastern. Umgekehrt kann eine mit dunklen Fliesen gestaltete Fläche durch eine helle, vielleicht sogar reinweiße Verfugung gewinnen.

Kontrastierende Verfugungen bieten sich insbesondere bei ornamentalen Fliesenformen (z.B. geschwungene Florentiner) an. Bei Bodenfliesen sollte man mit Rücksicht auf den Pflegeaufwand ein neutrales Grau, oder zumindest dunkle Töne vorziehen. Ähnliches gilt für die Küche, wo Fugen durch Spritzer leicht unansehnlich werden und Grau sich in der Regel als am wenigsten empfindlich erweist. Werden in der Küche oder in ähnlich beanspruchten Räumen weiße Fugen gewünscht, so sollte man unbe-

dingt eine fleckunempfindliche und zugleich dichte Verfugung mit Epoxid-Fliesenkleber wählen.

Akzente setzen

Nicht nur ganze Wand- und Bodenflächen lassen sich effektvoll mit Fliesen gestalten, oft kann man auch mit sparsamem Flieseneinsatz interessante Effekte erzielen. So bietet sich zum Beispiel eine Nische dazu an, mit Fliesen und Glasböden in ein dekoratives Vitrinenregal verwandelt zu werden. Hierzu werden Rückwand und Seiten der Nische gefliest und Glasböden mit geschliffener Vorderkante in offen bleibende Fliesenfugen geschoben. Eine ähnliche Lösung bietet sich in der Küche an, wo sich anstelle von Glasböden vorn abgekantete V2A-Bleche als Böden empfehlen.

Wirkungsvoll sind auch mit Fliesen beklebte Türbekleidungen oder auch teils gefliste, teils lackierte Türblätter. Dabei ist allerdings darauf zu achten, daß die gefliste Fläche aus Gewichtsgründen nicht zu groß gewählt wird. Wenn die Kanten der Fliesen nicht glasiert sind, sorgt eine aufgeklebte, lackierte Leiste für einen optisch einwandfreien Abschluß.

Innen- und Außenräume verbinden

Neben Balkon und Terrasse werden Wintergärten und verglaste Anbauten immer beliebter. Um sie optisch in den Wohnbereich mit einzubeziehen, kann man ihre Fußbodenflächen im gleichen Fliesenmaterial wie die Innenräume belegen.

Sofern Balkon- und Terrassenflächen in diese einheitliche Gestaltung einbezogen werden sollen, ist die Verwendung frostfester Steinzeugfliesen unerläßlich. Um die Trittsicherheit bei Nässe auf den Freiflächen zu verbessern, kann man dort kleinere Formate wählen, während man im Wohnraum größere Formate verwendet.

Für solche Kombinationslösungen bieten sich verschiedene Fliesenserien an, die bei gleicher Farbstellung und Scherbendicke unterschiedliche Formate zur Wahl stellen. Sie ermöglichen auch reizvolle Lösungen innerhalb des Hauses, indem das in Material und Farbe einheitliche Bild von Raum zu Raum durch Formatwechsel oder Formatkombination variiert wird.

Werkzeugkunde

Die wichtigsten Werkzeuge

Auf diesen beiden Seiten finden Sie Kurzbeschreibungen der wichtigsten Werkzeuge, die Sie benötigen, um selbst Fliesen und Platten zu verlegen. Welche Werkzeuge Sie für die einzelnen Arbeitsgänge und Arbeitsabläufe brauchen, sehen Sie aus den Abbildungen unter der Rubrik »Werkzeug«, die Sie bei allen Arbeitsanleitungen finden.

1 **Glättkelle:** Diese benötigt man, um gegebenenfalls den Untergrund zu glätten und Feuchtigkeitssperren aufzuziehen.

2 **Deckenbürste:** Mit ihr trägt man den Tiefgrund auf.

3 **Zahnspachtel:** Zum Auftragen von verarbeitungsfertigem, pastösem Fliesenkleber empfiehlt sich ein Zahnspachtel, dessen Zahnung laut Gebrauchsanleitung auf den zu verarbeitenden Kleber abzustimmen ist. Für größere Arbeiten ist ein solider Zahnspachtel aus rostfreiem Stahl dem Kunststoffzahnkamm vorzuziehen.

4 **Zahnkelle:** Für größere Flächen eignet sich eine Zahnkelle besser, weil sie mit einem Kellenzug mehr Kleber aufträgt bzw. verteilt. Sie bewährt sich auch beim Auftrag von mit Wasser anzusetzenden Pulverklebern.

5 **Malerspachtel:** Zum Entnehmen von Kleber oder Klebemörtel ist ein normaler, breiter Malerspachtel hilfreich.

6 **Wasserwaage:** Beim Verlegen der Fliesen kommt es darauf an, daß Senkrechte und Waagerechte möglichst exakt eingehalten werden. Neuerdings gibt es auch Präzisions-Laser-Wasserwaagen, die mit einem auch im Hellen gut sichtbaren Laserstrahl Horizontale oder Vertikale exakt markieren.

7 **Fliesenhammer:** Er dient zum Anklopfen von Fliesen. Moderne Ausführungen dieses Werkzeugs, sogenannte Fliesenschonhämmer, hinterlassen keine Abriebspuren.

8 **Fliesenschneidemaschine:** Sie sollte möglichst mit verstellbarem Winkelanschlag und mit Hartmetall-Schneidrad ausgestattet sein.

9 **Fliesenbrechzange:** Sie eignet sich eher für kleinere Arbeiten mit relativ dünnen und weichen Fliesen. Für Arbeiten mit größeren Fliesenformaten und speziell bei hartgebranntem Steinzeug ist sie jedoch nicht so brauchbar. Denn hierfür benötigen Sie einen relativ hohen Kraftaufwand, womit meist die Bruchquote ansteigt.

Werkzeugkunde

10 Papageienschnabel: Zum Ausarbeiten von Ausschnitten für Rohre, Steckdosen und Leitungen gibt es verschiedene Werkzeuge. Das einfachste ist der sogenannte Papageien- oder Habichtschnabel, dessen Einsatz allerdings einige Geduld verlangt, denn nur wer größere Aussparungen in vielen Schritten Bröckchen für Bröckchen herausknabbert, kann sicher sein, daß die Fliese nicht zerspringt. Naturgemäß sind damit ausgearbeitete Ausschnitte nicht exakt kreisrund.

11 Hartmetall-Kreisschneider: Präzise, praktisch und erfolgssicher ist dieses Werkzeug. Es läßt sich auf jeden gewünschten Lochdurchmesser einstellen und in das Bohrfutter einer am besten in den Bohrständer eingespannten Bohrmaschine einsetzen. Eine Schutzglocke fängt mögliche Splitter ab.

12 Fugengummi: Eignet sich zum Verreiben der Fugenmasse auf dem Belag, damit keine Hohlräume entstehen.

13 Reibebrett: Es hat eine Zellgummiauflage und dient zum Verstreichen von Fugenmasse.

14 Fliesenwischer: Bei Bodenflächen kommt vorzugsweise ein breiter Fliesenwischer mit Stiel zum Einsatz. Man kann aber auch einen Gummiabzieher verwenden, wie er normalerweise zum Putzen verwendet wird.

15 Fliesenschwamm: Überschüssiges Fugenmaterial wird bei beginnender Antrocknung mit einem nicht zu nassen Fliesenschwamm entfernt.

16 Fliesenwaschbrett: Das ist ein Reibebrett mit Schaumstoffauflage, mit dem Sie ebenfalls überschüssige Fugenmasse entfernen können. Zum Nachreiben dient ein weiches Tuch.

17 Auspreßpistole: Diese benötigen Sie, um Eck-, Anschluß- oder Sanitärfugen aufzuspritzen. Mit ihr ist ein viel zügigeres und saubereres Arbeiten möglich, als es bei der Verarbeitung von Tubenware oder Kartuschen mit Drehspindel der Fall ist.

31

Grundkurs: Verlegemuster

Planung ist wichtig

Ob es sich um Wände oder Böden handelt, bevor es an die praktische Arbeit geht, sollte die Belagsausführung sorgfältig durchdacht und geplant werden.

1 Dabei sollte man immer die Raummitte zum Ausgangspunkt nehmen. Nur so läßt sich eine harmonische Raumwirkung erzielen. In schwierigen Fällen lohnt sich durchaus der Aufwand eines maßstabsgerechten Verlegeplans.

2 Auch den durchlaufenden Fugenschnitt sollten Sie beachten: Dabei setzen sich die Fugen der Wandfliesen im Bodenbelag deckungsgleich fort.

Alternativ zum durchlaufenden Fugenschnitt können Sie sich auch für eine diagonale Verlegung der Wand- oder Bodenfliesen entscheiden. Der Fugenverlauf wird absichtlich unterbrochen. Somit vermeidet man auch den eventuell mißlungenen durchlaufenden Fugenschnitt.

Insbesondere, wenn großformatige Fliesenbilder oder mit keramischen Leisten eingefaßte Rahmen den Belag prägen, muß die Planung von der Wandmitte ausgehen. Dadurch kommt nicht nur der Wandschmuck harmonisch zur Geltung, sondern es ergeben sich auch an beiden Wandan-

schlüssen gleichbreite Zuschnitte. Diese werden sowohl bei Wandbelägen als auch beim Fußboden stets zuletzt eingepaßt.

Da sehr schmale Zuschnitte nicht gerade einfach herzustellen sind und auch nicht gerade gut aussehen, sollte man sie nach Möglichkeit vermeiden. Dies gelingt entweder durch den Einsatz keramischer Leisten oder Bordüren oder auch dann, wenn eine Raumecke durch Einbaumöbel, Duschvorhang oder Tür weitgehend verdeckt wird. In solchen Fällen kann man die Belagsaufteilung so wählen, daß die im Blickfeld liegenden Paßstücke sich in ihrer Breite harmonisch in das Gesamtbild einfügen und der Ausgleich auf der versteckten Seite erfolgt.

Die Flächenmitte zum Ausgangspunkt der Verlegeplanung zu wählen, hat einen weiteren praktischen Vorteil, denn selten sind Räume wirklich rechtwinklig und die Wände exakt im Lot. Wird der Belag von der Wandmitte zu den Seiten hin aufgebaut, ergibt sich der Ausgleich praktisch automatisch. Also nie beim Fliesen in einer Ecke beginnen!

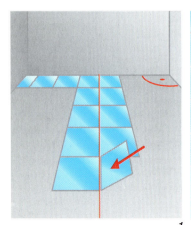

1

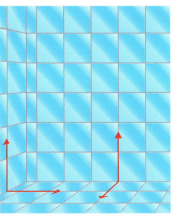

2

Grundkurs: Verlegemuster

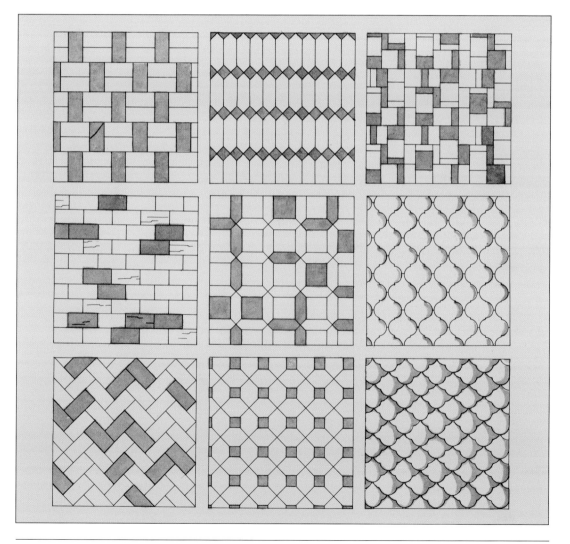

Grundkurs: Welche Rolle spielt der Untergrund?

Welche Rolle spielt der Untergrund?

Grundkurs: Fliesen auf Putzflächen

Fliesen auf Putzflächen
Dieses Verfahren bereitet kaum Probleme, wenn der Putz sauber, trocken, fest und eben ist. Alte Tapeten, loser Putz und nicht haftende Anstriche sind zu entfernen.
Unebenheiten werden mit Wandglätter beigespachtelt. Entfernter loser Putz wird bei tiefen Schadstellen mit Renoviermörtel ersetzt. Bei Schadstellen geringer Tiefe genügt Wandglätter zum Beiputzen. Zur Sicherheit sollten die Putzflächen vor dem Fliesen tiefgrundiert werden, um eine gleichmäßige Saugfähigkeit zu gewährleisten.

Häufig gilt es, **gestrichene Flächen** zu fliesen. Um eine sichere Haftung zu gewährleisten, sollte man wasserlösliche Anstriche zuvor abwaschen. Nach dem Trocknen ist dann ein Tiefgrund aufzutragen. Sicher haftende Dispersionsfarben wie auch Lackanstriche bieten eine gute Verankerungsbasis, die allenfalls durch Anschleifen verbessert werden kann. Blätternde Anstriche sind auf jeden Fall abzustoßen oder abzubeizen.

1 Estrichflächen bieten normalerweise einen problemlosen Verlegegrund. Auf jeden Fall müssen Sie Löcher und Risse ausbessern. Unebenheiten werden durch selbstverlaufende Ausgleichmassen beseitigt. Diese mischt man mit Wasser an und gießt sie partienweise im Raum aus. Flüchtiges Verteilen mit einer Kelle unterstützt die selbstverlaufenden Eigenschaften. Es ist soviel Material aufzubringen, daß die höchsten Stellen des Altbodens etwa 1 mm dick überdeckt werden.

Beton bietet ebenfalls einen guten Verlegegrund, sofern er ausreichend durchgetrocknet ist. Etwaige Schalnasen sind abzuschlagen und Vertiefungen auszugleichen. Bei Betonböden im Freien wird üblicherweise auf einer Gleitschicht ein Estrich gegossen. Dehnungsfugen sind in allen Schichten deckungsgleich aufzunehmen.

Profitip
Bei Freiflächen ist darauf zu achten, daß außer den Fliesen auch Fliesenkleber und Fugenmaterial frostbeständig sind und daß kein Wasser unter den Belag gelangen kann.

1

Grundkurs: Fliesen auf Fliesen

2

3   5

Bei Innenböden wird üblicherweise nach dem Aufbringen eines Glattstrichs eine Sperrfolie und darauf eine Trittschalldämmung (z.B. aus druckfester Mineralwolle) aufgebracht. Obenauf kommt dann der Nutzestrich, der keinen Anschluß an die Wände haben soll. Fixieren Sie dazu vor dem Gießen des Estrichs Mineralwollstreifen entlang den Wänden.

2 Gipsdielen und Porenbeton sind sehr saugfähig und sollten unbedingt tiefgrundiert werden.

3 Gipskartonplatten bilden bei entsprechend sorgfältiger Verlegung einen idealen Untergrund für Fliesen. Wichtig ist, daß die Montageschrauben gut versenkt sind. Bei neu errichteten Wänden aus Gipskarton und Wandbekleidungen kann man sich das Beispachteln der Stoßfugen zwischen den einzelnen Gipskartonplatten sparen. In der Regel sollte man Standard-Gipskartonplatten vor dem Verfliesen tiefgrundieren – in Feuchträumen lösungsmittelhaltig, ansonsten lösungsmittelfrei. Bei werkseitig imprägnierten Feuchtraumplatten kann die Grundierung entfallen.

Fliesen auf Fliesen

4 Diese Klebetechnik ist ein typisches Renovierungsthema. Vor dem Kleberauftrag sollte man die Altfliesen auf jeden Fall mit einem starken Haushaltsreiniger abwaschen, um haftungsmindernde Fettspuren zu entfernen. Das Anpicken der Altfliesen mit dem Fliesenhammer verleiht dem Kleber noch eine bessere Haftung.

Sicherheitstip

Vorsicht vor scharfen Splittern beim Anpicken von Altbelägen und beim Abmeißeln von Fliesen! Tragen Sie eine Schutzbrille und Handschuhe.

Für **Wandflächen** eignen sich **Dispersionskleber** mit großer Anfangshaftung, auf Böden kommen **Pulverkleber** zum Einsatz.

Grundkurs: Fliesen auf Dickbett

Fliesen auf altem Dickbett

Das ist eine Alternative, wenn es beim Renovieren um Millimeter geht und selbst beim Einsatz von dünnscherbigem Mosaik oder Renovationsfliesen Fliesen-auf-Fliesen-Kleben nicht möglich ist. Hier können Sie sich helfen, indem Sie die meist im Dickbett verlegten Altfliesen so abschlagen, daß die Mörtelbatzen stehenbleiben. Werden anschließend die Hohlräume beigeputzt und verbliebene Unebenheiten durch dünnes Abziehen mit dem Wandspachtel beseitigt, erhält man einen recht guten Verlegegrund für eine anschließende Verklebung im Dünnbettverfahren. Tiefgrundieren empfohlen!

Fliesen auf Holz

In Notzeiten wurden oft minderwertige Holzdielen verlegt. Auch auf Dachböden findet man kaum Dielen erster Wahl. Zuweilen sind aber auch einstmals gute Beläge durch hohe Beanspruchung und mangelnde Pflege verschlissen.

Technisch bieten sich grundsätzlich zwei Möglichkeiten an:
Im Fachhandel gibt es ringsum genutete 23 mm dicke Spanplat-

6

7

ten, die man auf dem Altboden verlegen und mit diesem verschrauben kann. Die Platten verbindet man an den Stößen durch in die Nutung eingeleimte Sperrholzfedern. Kreuzfugen sind auf jeden Fall zu vermeiden. Dies gelingt zum Beispiel, wenn man in der ersten Reihe mit einer ganzen Platte an der Wand angefangen hat und in der zweiten Reihe mit einer halben Platte beginnt. Oft reicht es auch, mit dem Reststück, das beim Zuschnitt für das letzte Feld der ersten Reihe angefallen ist, die zweite Reihe zu beginnen. Es wird so gedreht, daß die Schnittkante zur Wand zeigt, so daß auf der Anschlußseite wieder eine Nut zur Verfügung steht. Aus schalltechnischen Gründen ist es ratsam, die Platten nicht direkt an die Wand

anstoßen zu lassen, sondern dort einen Dämmstreifen aus Mineralwolle vorzusehen.

Auf dem neuen Spanplatten-Planum können dann mit einem flexibel eingestellten Pulverkleber Fliesen verlegt werden. Sie überdecken die Randdämmstreifen bis auf einen etwa 1 cm breiten Spalt, der wiederum unter den Fußleisten verschwindet. Man kann ihn aber auch dauerelastisch ausfugen.

Problem dieser Lösung ist die unvermeidliche **Stolperkante**, die durch die Dicke der Spanplatte im Eingangsbereich entsteht.
Es geht aber auch ohne Stolperkante, denn Fliesen lassen sich in einer anderen Technik nahezu stufenlos auf Holzdielen verlegen. Hierbei wird der gereinigte

37

Grundkurs: Fliesen auf Spanplatten oder Sperrholz

Dielenboden soweit notwendig nachgenagelt oder mit Schrauben fixiert. Etwaige Spalten und Ausbruchstellen werden ausgestopft oder durch eingesetzte Dielenstücke geschlossen.

5 Danach kann eine spezielle Grundierung aufgebracht werden.

6 Auf dieser wird ein Netzgewebe ausgelegt und mit Tackerklammern fixiert.

7 Darauf kommt eine dünnschichtige selbstverlaufende Estrichmasse, auf der man nach gründlichem Aushärten die Fliesen verlegen kann. Dünnes Mittelmosaik oder spezielle Renovationsfliesen tragen nicht stärker als ein Teppichboden auf, so daß auch ein stolperkantenfreier Übergang zu ähnlich sanierten Flächen mit Teppichbodenbelag gelingt. Auch bei diesem Verfahren sind bereits vor dem Gießen des Fließestrichs dämmende Randstreifen vorzusehen.

Fliesen auf Spanplatten oder Sperrholz

Um sie dauerhaft fliesen zu können, müssen die Sperrholz- oder Spanplattenflächen ausreichend

biegesteif sein. Zur Not muß die Verkleidung mit einer zusätzlichen dünneren Spanplatte aufgedoppelt werden. Sperrholz und Spanplatten verlangen aufgrund ihrer Materialeigenschaften auf jeden Fall nach einem flexibel eingestellten Kleber.

Profitip

Sollen lose Teppiche (Verbinder) auf Fliesenböden ausgelegt werden, ist unbedingt darauf zu achten, daß die Fliesenfugen randvoll, also kantenbündig verfugt werden. Falls dies nicht beachtet wird, besteht die Gefahr, daß die Kettfäden der Teppiche an den Fliesenkanten abscheren und der Verbinder in kürzester Zeit zerstört wird.

Fliesenbelag und Fußbodenheizung

In Verbindung mit einer Fußbodenheizung sind feinkeramische Bodenfliesen besonders beliebt, da sie sich relativ schnell aufheizen sowie ein gutes Wärmespeichervermögen besitzen. Sollen Fliesen auf Heizestrichen verlegt werden, tut der Heimwerker gut daran, den Rat eines Fachmanns einzuholen.

Auf jeden Fall ist ein geeigneter elastisch eingestellter Pulverkleber einzusetzen und der Belag durch Dehnungsfugen zu gliedern, um Rißbildungen vorzubeugen. Sehr große Flächen sind unbedingt durch Dehnungsfugen zu unterteilen. Sie sind dort zu plazieren, wo auch im Untergrund bereits Dehnungsfugen vorgebildet sind, und müssen so breit angelegt werden, daß die zu erwartenden Längenänderungen über die elastische Verformung der dauerelastischen Fugenmasse aufgefangen werden können.

Grundieren

Saugfähige Untergründe verlangen in der Regel nach einer Grundierung mit Tiefgrund. Es gibt **lösungsmittelhaltige Tiefgründe** wie auch **lösungsmittelfreie**. Letztere sind aus Gesundheits- und Umweltgründen und – da nicht entflammbar – auch wegen der sichereren Verarbeitung, wo immer es möglich ist, vorzuziehen. Lösungsmittelhaltige Tiefgründe sind eigentlich nur dort gefragt, wo es um die Grundierung von Putzen oder um die normaler Gipskartonplatten in Feuchträumen geht.

Grundkurs: Gehrungsschnitt

Fliesen schneiden

Fliesenschneiden ist bei vielen Heimwerkern eine unbeliebte Arbeit. Dank modernem Werkzeug jedoch weit weniger kritisch als mancher glaubt und somit kaum ein Hinderungsgrund, sich selbst ans Fliesenlegen zu machen.
Fachleute verlegen in der Regel zuerst die volle Fläche und passen ganz zum Schluß die entsprechenden Randzuschnitte ein. Fliesen lassen sich nach dem Anritzen, das ihre Oberflächenspannung bricht, relativ leicht teilen, vorausgesetzt, das Anritzen erfolgt gleichmäßig tief und ohne Unterbrechung.

1

1 Moderne Fliesenschneidemaschinen lösen dieses Problem einfach und erfolgssicherer. Die Fliese liegt hier an einem verschiebbaren Winkelanschlag an, der über eine Skala eine exakte Einstellung der Zuschnittbreite erlaubt.

Aufwendigere Maschinen verfügen über einen schwenkbaren Winkelanschlag mit exakter Gradeinteilung. Sie erlauben so trapezförmige Zuschnitte in stets gleichem Winkel. Auf diese Weise fallen Randzuschnitte bei aus der Flucht laufenden Wänden leicht. Zum Schneiden der Fliesen wird ein Schneidrad über die Fliesenoberfläche geführt. Entlang dieser vorgeritzten Linie bricht man dann die Fliese durch gleichmäßigen Hebeldruck.

»Jolly«- oder Gehrungsschnitt
Während Fliesen normalerweise rechtwinklig geschnitten oder genauer gesagt »gebrochen« werden, gibt es auch Ausnahmen von dieser Regel. Diese bilden Fliesen mit Effektglasuren. Solche Glasuren verlaufen nur in der Waagerechten in der gewünschten dekorativen Weise. Wenn die Glasur um die Kanten herumläuft oder auf diese aufgespritzt wird, entsteht ein deutlich anderer Effekt. Daraus folgt, daß bei rechtwinklig gestoßener Verlegung an Außenecken die sichtbare Seitenkante ein abweichendes Erscheinungsbild liefert, das störend wirken kann.

2-3 Das läßt sich vermeiden, indem Sie die an der Außenkante aneinanderstoßenden Fliesen an der betreffenden Kante »jolly« schneiden. Dahinter verbirgt sich nichts anderes als ein 45-Grad-Gehrungsschnitt. Um ihn sauber

Grundkurs: Fliesendurchbrüche

und ohne ausbrechende Kanten zu bewältigen, bedarf es einer speziellen diamantbestückten Gehrungssäge, die zudem über eine Wasserkühlung verfügt. Da man so eine Gehrungssäge kaum leihen kann und Improvisieren nicht den gewünschten Erfolgt bringt, bieten sich nur zwei Auswege an. Entweder den Jolly-Schnitt beim Fachmann ausführen zu lassen oder auf Fliesen mit Effektglasur zu verzichten, falls man die Farbabweichung bei Außenecken nicht in Kauf nehmen will.

Fliesendurchbrüche
Durchbrüche bei Fliesen für Rohr- und Armaturenaustritte lassen sich mit einem auf Schnitt geschliffenen Hartmetallbohrer ausführen. Damit bohren Sie mittig ein Loch in die Fliese. Dazu sollte man sich eine einfache Haltevorrichtung in Form einer Holzplatte bauen, die im Fliesenformat einen U-förmigen Anschlag aus etwa 2 cm dicken Holzleisten aufweist. So kann die Fliese nicht verrutschen. Die Bohrlehre wird mit Zwingen auf dem Werktisch fixiert und die Säulenbohrmaschine darüber geschwenkt. Notfalls kann man auch freihändig bohren.

Grundkurs: Fliesen bohren

4 Sie können aber auch erst den Kreisausschnitt anzeichnen und dann ebenfalls mit einem auf Schnitt geschliffenen Hartmetallbohrer innerhalb der Kreislinie dicht an dicht 8 bis 10 mm große Löcher einbringen. Dann müssen nur noch die Stege mit dem Papageienschnabel weggeknabbert werden, und der Kreisausschnitt ist fertig. Seine nicht ganz runde Außenkontur braucht in der Regel nicht nachgearbeitet zu werden, weil Rohraustritte üblicherweise durch Rosetten verdeckt werden.

5 Eine ebenso praktische wie erfolgssichere Arbeitsmethode bieten moderne Hartmetall-Kreisschneider. Sie lassen sich auf jeden gewünschten Lochdurchmesser einstellen und werden in das Bohrfutter einer am besten in den Bohrständer eingespannten Bohrmaschine gesetzt.

Sicherheitstip

Aus Sicherheitsgründen sollten Sie zum Festhalten dennoch Arbeitshandschuhe tragen und auf keinen Fall auf die zum Hartmetall-Kreisschneider gehörende Schutzglocke verzichten, die Splitter auffängt.

Zur Fixierung der Fliese bewährt sich wiederum die bereits beschriebene Holzplatte mit aufgeschraubten Anschlagleisten.

Fliesen bohren

Dank moderner Technik ist heute das Bohren recht gut zu meistern. Der Schlüssel zur Lösung liegt in »auf Schnitt geschliffenen« Steinbohrern. Diese ähneln den bekannten Steinbohrern, die üblicherweise in die Schlagbohrmaschine gespannt werden. Im Gegensatz zu diesen ist der Hartmetalleinsatz jedoch nicht stumpf, sondern als Schneide ausgebildet. Diese frißt sich unter mäßigem Andruck in die Fliese und trägt in einer schabenden Bewegung das Keramikmaterial ab. Dies geschieht im Drehgang, also ohne Schlagbohrwirkung, wodurch das Risiko, daß die Fliese zerspringt, sehr klein ist.

6 Bei Montagen an Fliesenwänden empfiehlt es sich, zur Schonung des Bohrers zuerst alle Fliesen zu durchbohren und das eigentliche Verankerungsloch im Mauerwerk mit einem konventionellen Steinbohrer zu bohren. So bleibt die Schneidspitze des Fliesenbohrers länger intakt.

4

5

6

Grundkurs: Verlegung im Dünnbett

Verlegeverfahren

Dünnbettverfahren
Diese Verlegetechnik setzt planebene Untergründe voraus, da im Gegensatz zur konventionellen Dickbettverlegung kein Niveauausgleich durch stärkeres oder weniger starkes Andrücken – sprich mehr oder weniger dicke Mörtelhinterfütterung – möglich ist.

1 Für das Dünnbettverfahren können Dispersionskleber, Pulverkleber und Zwei-Komponenten-Kleber verwendet werden. Ihr Auftrag erfolgt mit einem Zahnkamm oder einer Zahnkelle.

Der gebrauchsfertige oder angemischte Kleber beziehungsweise Klebemörtel wird normalerweise auf eine Teilfläche von 1 bis 1$^{1}/_{2}$ m^{2} aufgezogen und gleichmäßig durchgekämmt. Dabei bestimmt einmal die Zahnung und zum anderen die Schräghaltung des Zahnkamms oder der Zahnkelle den Mengenauftrag pro Quadratmeter. Um ein Gefühl für die richtige Auftragsmenge zu bekommen, können Sie die vom Hersteller angegebene Verbrauchsmenge pro Quadratmeter abmessen und gleichmäßig auf eine markierte Teilfläche von 1 m^{2} aufziehen.

Die Fliesen werden dann unter einer leicht drehenden Bewegung in das frische Kleberbett gedrückt und exakt ausgerichtet. Qualitätskleber haben eine so hohe Anfangshaftung, daß ein Abrutschen nicht zu befürchten ist. Wer noch keine große Routine hat, kann zur Sicherung eines ebenmäßigen Fugenbilds Fliesenlegerkreuze verwenden.

Verlegung im Mittelbett
Dieses Verfahren stellt eine Kreuzung von Dick- und Dünnbettechnik dar und wird hauptsächlich bei der **frostfesten Verlegung** von Fliesen auf **Freiflächen** eingesetzt. Bei diesem Verfahren ziehen Sie wie bei der Dünnbettmethode Klebemörtel auf den Boden auf und durchkämmen die Schicht wie üblich. Dabei kommen spezielle Klebemörtel und ein Auftragwerkzeug gröberer Zahnung zum Einsatz.

2 Zusätzlich muß man zum Auftrag auf den Untergrund eine etwa zentimeterdicke Klebemörtelschicht auf die Rückseite der Fliese geben. Sinn dieser doppelten Schicht ist es, eine vollflächige Haftung der Fliesen am Boden zu erzielen, um Hohlräu-

1

Grundkurs: Dickbettverfahren

me, in denen sich Wasser sammeln könnte, auszuschließen. Wie jede Fliesenverlegung im Freien setzt sie selbstverständlich auch eine sehr sorgfältige Abdichtung des Verlegeuntergrunds voraus. Sie erfolgt üblicherweise durch flüssig aufgebrachte Dichtmittel, die nach dem Trocknen oder Aushärten eine elastische, wasserdichte Schicht bilden.

Damit kein Wasser auf Freiflächen stehenbleibt, ist auf die Einhaltung eines leichten Gefälles zu achten, das ein Abfließen von Regenwasser garantiert. Ein solches Gefälle sollte üblicherweise bereits im Untergrund vorhanden sein. Es beträgt etwa 1 bis 2 Prozent, d.h. 1 bis 2 cm pro Meter. Während bei Balkonen das Gefälle in der Regel in Längsrichtung erfolgt, haben Terrassen häufig ein allseitiges Gefälle zur Mitte, wo ein zentraler Abfluß vorgesehen ist.

Dickbettverfahren

Die klassische Verlegemethode ist das Ansetzen im Dickbett. Der Vorteil der Dickbettverlegung liegt darin, daß sie es erlaubt, Unebenheiten im Untergrund auszugleichen. Es setzt einen haftfähigen Untergrund voraus. Sau-

2

gende Untergründe werden vorgenäßt oder mit einem Spritzbewurf aus Zementmörtel im Mischungsverhältnis 1:3 versehen. Vor dem Verlegen werden die Fliesen kurz in sauberes Wasser getaucht, worauf rückseitig mit einer Kelle der Verlegemörtel etwa 2,5 cm hoch aufgetragen wird. Die Kanten werden ringsum mit der Kelle angeschrägt. Auf diese Weise entsteht der nötige »Verdrängungsraum« für das Andrücken und Ausrichten der einzelnen Fliesen. Sie werden mit dem Hammerstiel angeklopft.

Das Abbinden nimmt etwa einen Tag in Anspruch. Dann kann in der üblichen Weise verfugt werden. Die Verlegung am Boden erfolgt in gleicher Weise.

Wasserdichte Verklebung

Die Möglichkeit, durch eine besondere Kleberwahl wasserdichte Verklebungen zu erreichen, wurde bereits im Zusammenhang mit der Vorstellung der unterschiedlichen Kleber behandelt. Diese Kleber dienen dazu, wasserempfindliche Untergründe wie Gipskartonplatten wirkungsvoll gegen Nässeeinwirkung zu schützen, die zum Beispiel im

Grundkurs: Wasserdichte Verklebung

3

4

5

6

Spritzwasserbereich von Duschen auftreten kann.
Für Abhilfe sorgen spezielle Dispersionskleber mit Dichtfunktion oder Zwei-Komponenten-Kleber auf Epoxidharz-Basis. Letztere müssen zur Verarbeitung aus Harz- und Härterkomponenten angemischt werden und haben eine von Produkt zu Produkt unterschiedliche Verarbeitungszeit, die auch als »Topfzeit« oder »offene Zeit« bezeichnet wird.

Solche Kleber sind nur innerhalb dieser Zeit verarbeitbar.

Profitip
Achtung: Große Ansätze von Zwei-Komponenten-Massen härten schneller als kleinere! Deshalb nicht zu große Ansätze machen.

Wegen dieser Probleme wie auch im Hinblick auf die nicht unbedingt hautfreundlichen Epoxidhärter sollte man im Innenbereich möglichst auf Dispersisonskleber ausweichen.
Bei Außenanwendungen bleibt nur der Einsatz zweikomponentiger Massen. Auch beim Fliesen von Arbeitsplatten sind zweikomponentige Materialien, die zugleich als Fugenmasse dienen, vorzuziehen.

Welchen Klebertyp Sie auch einsetzen, Sie müssen immer zuerst eine vollflächige Dichtschicht aus Kleber aufziehen. Hier ist es ein Dichtkleber auf Dispersionsbasis, der auf imprägnierte Gipskartonplatten aufgezogen wird.

3 In diesem Beispiel geht es um eine Duschnische in einem von einem Schlafzimmer abgetrennten Gästebad. Abdichtung und Fliesenverklebung erfolgen mit einem wasserfesten Kleber auf Dispersionsbasis. Dieser erfordert in Eckbereichen eine Armierung mit Gewebestreifen, die im Kleber eingebettet werden. Dazu müssen Sie zuerst im Eckbereich etwa eine handbreit Kleber auftragen.

Grundkurs: Fliesen auf Stelzlager

4 Im nächsten Arbeitsgang können Sie nun die Gewebearmierung einbetten.

5 Darauf folgt der Auftrag der vollflächigen, etwa 1 mm dicken Dichtschicht aus Kleber, die aushärten muß. Auf die abgebundene Dichtschicht tragen Sie nun mit dem Zahnspachtel den gleichen Kleber zum Einbetten der Fliesen auf.

6 Auf dem frischen Kleberbett können Sie nun die Fliesen verlegen. Die Verfugung erfolgt nach Abbinden der Verklebung auf konventionelle Weise mit Fugengrau, Fugenweiß oder Fugenbunt.

Fliesenflächen auf Stelzlagern

7 Bei der Sanierung unansehnlich gewordener Balkone und Terrassen bietet sich eine Verlegemethode an, die ganz ohne Kleber und Fugenmassen auskommt. Sie setzt allerdings ein ausreichendes Gefälle der Altfläche sowie deren Tragfähigkeit und Dichtigkeit voraus.

Die Fliesen werden hierbei auf sogenannten Stelzlagern verlegt. Dies sind Scheiben aus zähelastischem, witterungsbeständigem Kunststoff, die auf der Oberseite mit einem dem Fugenabstand entsprechenden Kreuz versehen sind. Diese Stelzlager verteilt man entsprechend dem Fliesenmaß auf dem Untergrund. Darauf legt man dann an allen vier Ecken die Fliesen auf. Dabei sollen jeweils vier benachbarte Fliesen auf einem Lagerring zusammentreffen. Auf diese Weise entsteht ein Belag mit offenen Fugen, durch die Regenwasser und sonstige Nässe nach unten abfließen können und unterhalb des Belags auf der alten Oberfläche abgeführt werden. Die Methode setzt entsprechend dicke Steinzeugfliesen voraus, die der nur von den Ecken getragenen Belastung standhalten.

Wenn die Altfläche nicht dicht ist, kann man diese mit einer Folie abdecken oder auch mit Polyester und Glasseide überziehen.

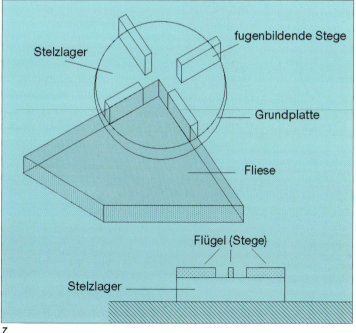

7

Grundkurs: Verlegesystem

Von der Einzelfliese zum Belag

1

2

Bevor es ans Verlegen geht, sollte man mit einer Wasserwaage den Fußboden prüfen. Seine in Wandnähe tiefste Stelle ist maßgebend für die Grundlinie, auf der der Wandbelag nach oben fortschreitend aufgebaut wird.

Diese Linie wird am besten mittels Schnurschlag ringsum an den Wänden markiert und liegt eine knappe Fliesenhöhe oberhalb der tiefsten Stelle des Fußbodens. Damit ist sichergestellt, daß die zum Schluß einzupassenden Zuschnitte aus einem Stück eingefügt werden können.

Aus optischen Gründen kann man die Grundlinie auch tiefer anordnen, um durch die Zuschnitte einen gewissen Sockeleffekt zu erzielen.

Über dieser Grundlinie wird nun zuerst eine Fliesenreihe über die gesamte Wandbreite und anschließend in der Mitte eine senkrechte Fliesenreihe geklebt, so daß die beiden Fliesenstreifen ein kopfstehendes T bilden. Dieses wird nun durch seitliches Ansetzen von Fliesen pyramidenförmig immer weiter ausgebaut, bis schließlich die gesamte Fläche mit Ausnahme der Randstreifen verfliest ist.

Man kann auch über der jeweils vorletzten Fliese in Wandnähe eine senkrechte Fliesenreihe kleben. Dann legt man mit Hilfe von Fliesenlegerecken und Gummischnur Reihe für Reihe die Fugenflucht fest, falls man es nicht vorzieht, mit Fugenkreuzen zu arbeiten, die später beim Verfugen überdeckt werden.

Viele Fliesenleger beginnen bei der Wandverfliesung auch mit der oberen Fliesenreihe, nachdem sie den Fußboden eingemessen, am Boden eine Sockelzone eingeplant und von dort aus nach oben die sich aus dem Fliesenmaß ergebende Oberkante festgelegt haben. Diese wird dann mittels Schnurschlag markiert.

1 Nun kann von oben nach unten arbeitend Fliesenkleber auf eine Teilfläche von 1 bis 1,5 m² aufgezogen werden. So hat man genug Zeit zur sorgfältigen Verlegung, bevor der Kleber anzuziehen beginnt. Bei schwierigen Verlegearbeiten ist es ratsam, eine entsprechend kleinere Fläche vorzulegen, um nicht in Zeitdruck

Grundkurs: Verlegesystem

3

4

5

zu geraten. Werden besonders große und schwere Fliesen verlegt, sollte man auf jeden Fall einen Kleber mit hoher Anfangshaftung wählen, um ein Abrutschen der Fliesen zu vermeiden.

2 Nun setzt man die erste Fliesenreihe an der markierten Linie an und drückt sie ins gleichmäßig durchgekämmte Kleberbett. Anschließend wird der Belag zunächst von oben nach unten fortschreitend aufgebaut. Wenn die Ecken gerade sind, kann man in einem Arbeitsgang auch gleich die Randzuschnitte kleben.

3 Wenn einige Reihen untereinander geklebt sind, wird zur Seite hin weitergearbeitet.

4 Bordürenfliesen lockern den Belag effektvoll auf und setzen Akzente.

5 Darunter wird die nächste Reihe exakt fugenschlüssig angesetzt. Wer sich seines guten Auges nicht ganz sicher ist, sollte Fliesenlegerkreuze verwenden. Fliese für Fliese wird in das frische Kleberbett gedrückt und durch leichtes Hin- und Herschieben satt eingebettet.

47

Grundkurs: Verfugen

Richtiges Verfugen

1

2

3

Wenn der Fliesenkleber abgebunden hat, kann verfugt werden. Wie die Materialkunde zeigt, gibt es weiße, graue und farbige Verfugungsmittel sowie spezielle, auch als Fugenbreit bezeichnete Massen für breite Fugen bei Bodenfliesen.

Bei im Freien verlegten Fliesen ist unbedingt darauf zu achten, daß die Fugenmasse frostfest ist.

Die oben angesprochenen Fugenmassen binden hydraulisch ab. Sie werden also mit Wasser angesetzt. Dabei kommt zuerst die vorgeschriebene Wassermenge in das Mischgefäß. Darauf geben Sie das Pulver. Es soll eine zeitlang »sumpfen«, d.h. das Wasser aufsaugen.

1 Arbeiten Sie die Masse gut durch und rakeln Sie sie mit einem Fugengummi sorgfältig in die Fugen. Bei Bodenflächen verwenden Sie einen Gummiwischer mit langem Stiel.

2 Dabei arbeitet man stets in Achterform oder diagonal zum Fugenverlauf. Es ist darauf zu achten, daß alle Fugen gleichmäßig gefüllt sind und nicht zuviel Fugenmaterial auf den Fliesen stehenbleibt.

Sehr wichtig ist, daß später dauerelastisch zu verfugende Dehnungs- und Anschlußfugen nicht zugefugt werden.

Wer sie mit schmalen Schaumstoffstreifen ausstopft, erspart sich die Mühe des späteren Freikratzens und geht sicher, daß die volle Fugenbreite auch zur Bewegungsaufnahme durch den dauerelastischen Fugendichter genutzt werden kann.

Profitip
Bei stark beanspruchten Bodenflächen streuen Profis die frische Verfugung mit trockenem Fugenmittel ab. Dadurch reichert sich die Oberfläche mit Bindemittel an.

3 Wenn die Verfugung matt aufzutrocknen beginnt, ist es Zeit, die Oberfläche mit dem Fliesenschwamm zu reinigen. Auch hier arbeiten Sie wieder diagonal zu den Fugen. In hartnäckigen Fällen hilft auch nach dem Abbinden, d.h. nach frühestens einer Woche, Zementschleierentferner.

Grundkurs: Verfugen

4 Während der Arbeit ist der Schwamm immer wieder auszuwaschen. Man drückt ihn soweit aus, daß er nicht zuviel Wasser speichert. Die noch frischen Fugen dürfen nicht ausgewaschen werden.

5 Zum Schluß reibt man mit einem weichen, trockenen Tuch nach.

6 Die dauerelastische Verfugung erfolgt zuletzt. Dazu kleben Sie die Fugen am besten zur Begrenzung der Versiegelung beidseitig mit schwach gekrepptem Malerkrepp ab und spritzen sie mit Fugendichtmasse aus.

Die Breite des Fugenstrangs wird durch schräges Abschneiden der Plastikdüse an der Fugenkartusche bestimmt, nachdem diese in die Auspreßpistole eingespannt wurde. Beim dauerelastischen Verfugen sollte man kontinuierlich, mit gleichmäßiger Geschwindigkeit und ohne abzusetzen die Fuge in einem Zuge verfüllen.

7–8 Wer sich zum Nachglätten, wie hier gezeigt, eines Universal-Fugenglätters bedient, kann

4

5

6

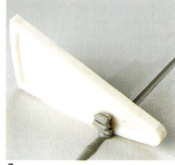
7

sich das Abkleben sparen. Erfolgt das Glätten konventionell mit der Fingerkuppe, so ist diese mit Wasser zu benetzen, dem zuvor etwas Spülmittel zugesetzt wurde. So bleibt die klebrige Fugenmasse nicht am Finger haften. Anschließend ziehen Sie die Verklebung ab und glätten die Silikonfuge wiederum mit der benetzen Fingerkuppe nach.

8

Grundkurs: Bodenflächen verfliesen

Bodenflächen verfliesen

1

3

2

4

Das Verfliesen von Bodenflächen verlangt eine exakte Planung. Wer sich ein genaues Bild von der optimalen Belagsanordnung machen will, kann die Fliesen zunächst einmal trocken im Raum auslegen, dabei wird auch die ideale Randverteilung sichtbar, so daß man dann auch, wie hier im Beispiel gezeigt, problemlos in einer Ecke anfangen kann.

1 Zuerst gibt man den Pulverkleber in ein Mischgefäß, das bereits die vorgeschriebene Menge Wasser enthält.

2 Wenn das Pulver das Wasser aufgesogen hat, arbeitet man die Masse mit einem in die Bohrmaschine gespannten Rührer gründlich durch. Es soll eine gleichmäßige Mischung entstehen.

3 Diese Mischung ist mit der Zahnkelle der vorgeschriebenen Zahnung aufzuziehen und durchzukämmen.

4 Dann legen Sie Fliese für Fliese in das frische Kleberbett. Hier sind es schöne helle Cotto-(Ton-) Fliesen.

5 Anschließend klopft man mit dem Fliesenhammer jede Fliese vollflächig an, so daß sie satt und plan im Kleberbett liegt. Tonfliesen sind empfindlicher als Steinzeug, deshalb ist beim Anklopfen Gefühl geboten.

6 Bei der hier gewählten diagonalen Verlegung hilft eine straff gespannte Schnur, die Flucht einzuhalten.
Hierzu werden zwei Nägel in den Boden geschlagen und dazwischen die Schnur gespannt. Damit sich die Fliesen problemlos plazieren lassen, sollte die Schnur nahe den Nagelköpfen angeknotet werden.

7 Der Zuschnitt der am Wandanschluß zu verlegenden Dreiecke ist nicht allzu schwierig. Zuerst zeichnet man die Schnittlinie mit einem weichen Bleistift an.

Grundkurs: Bodenflächen verfliesen

8 Cotto-Fliesen lassen sich sehr gut mit einem Trennschleifer zuschneiden, der mit einer entsprechenden Trennscheibe bestückt ist. Dabei liegt die Fliese am besten auf einem Brett.

Gegen das Verrutschen der Fliese beim Schneiden helfen zwei im rechten Winkel aufgestiftete Leistenabschnitte. Diese sollten jedoch nicht fest aneinanderstoßen, sondern einen etwa 1 cm breiten Spalt freilassen, damit man hier mit der Trennscheibe hindurchfahren kann.

Sicherheitstip
Steinstaub ist gesundheitsschädlich. Schützen Sie sich deshalb beim Schneiden mit der Trennscheibe durch eine Staubmaske.

9 Die Teilstücke passen Sie dann sorgfältig ein.

10 So wird die Fläche schließlich durchgefliest. Sie sollte dann am besten zwei Tage ruhen, ehe verfugt wird.

11 Vor dem Verfugen nässen Sie die Fliesenoberfläche mit einer Deckenbürste intensiv vor, damit

51

Grundkurs: Bodenflächen verfliesen

11

13

12

14

die relativ poröse Fliese möglichst keine Zementmilch aus der Verfugungsmasse aufsaugen kann.

12 Beim Verfugen geht man dann wie im Grundkurs beschrieben vor: Der Fugenmörtel wird in die Fugen eingerakelt.

13 Wenn die Fugenmasse anzuziehen beginnt, was am stumpfen Auftrocknen erkennbar ist, reinigen Sie die Fläche mit Wasser und Schwamm. Dabei ist darauf zu achten, daß kein Fugenmörtel aus den Fugen gewischt wird; also diagonal wischen!
Den verbleibenden Grauschleier entfernt man nach Erhärten des Fugenmörtels mit Zementschleierentferner. Dieser wird nach Vorschrift mit Wasser verdünnt. Gummihandschuhe schützen die Haut vor dem sauren Reiniger.

14 Abschließend ist die Fläche mit einem Aufnehmer zu trocknen. Wer will, kann die Cotto-Fliesen nach gründlichem Austrocknen mit Paraffinöl oder einem speziellen Mittel für Cotto-Fliesen abreiben. Das vertieft den Farbton und gibt einen schönen samtigen Effekt. Außerdem werden die Fliesen so gegen Fleckbildner geschützt.
Auf keinen Fall sollte man Bohnerwachs oder andere Öle verwenden, da diese den Boden klebrig machen und Schmutz anziehen!

Man kann Cotto-Fliesen wie auch unglasiertes Steinzeug natürlich auch unbehandelt belassen und sich am schönen Naturton erfreuen. Dann ist allerdings Vorsicht mit Fleckbildnern geboten.

Steingut- und Steinzeugfliesen werden in gleicher Weise verlegt. Zum Schneiden ist allerdings hier eine Fliesenschneidemaschine vorzuziehen. Ein Oberflächenschutz mit Paraffinöl oder ähnlichen Produkten entfällt natürlich bei glasierter Ware.

Darauf können Sie bauen!

COMPACT-PRAXIS »do it yourself«

- Jeder Band mit über 200 Abbildungen und instruktiven Bildfolgen – alles in Farbe.

- Übersichtliche Symbole für Schwierigkeitsgrad, Kraftbedarf, Zeitaufwand u.v.m.
  – alles auf einen Blick.

- Anwenderfreundliche Komplettanleitungen für alle wichtigen Heimwerkerarbeiten – keine schmalen Einzelthemen.

- Mit besonders hervorgehobenen Sicherheits-, Profi- und Ökotips.

**Über 50 Titel lieferbar.
Bitte fordern Sie unseren Prospekt an!**

DM **19,80**

Compact Verlag GmbH
Züricher Straße 29
81476 München
Telefon: 0 89/74 51 61-0
Telefax: 0 89/75 60 95
Internet: www.CompactVerlag.de

Grundkurs: Fliesenflächen auffrischen

Alte Fliesenflächen auffrischen

Aufgrund der Langlebigkeit von Fliesen ist es keinesfalls immer notwendig, unansehnlich oder schadhaft gewordene Beläge zu ersetzen. Zuweilen lassen sich optische oder auch funktionelle Mängel durchaus ohne den kompletten Austausch des Belags kurieren.

Rissige Fliesenflächen zuverlässig schließen

Gefliese Außenflächen sind normalerweise langlebig und bewahren für Jahrzehnte ihre Schönheit. Sie können allerdings auch Probleme bergen, wenn infolge von Verlegefehlern oder mangelhafter Produkte durch Risse Feuchtigkeit in den Untergrund eindringt und/oder eine defekte oder auch gänzlich fehlende Horizontal-Isolierung ihre Ausbreitung nicht zu stoppen vermag.

Dies kann leicht zu größeren Bauschäden führen. So besteht die Gefahr, daß der Fliesenbelag und schließlich sogar die Betonplatte bei Frost zerstört werden. Bei freiliegenden Balkonen kann es zu Putzabsprengungen an der Unterseite kommen. Undichte Fenstersimse aus Fliesen führen zu Feuchteschäden im Fassa-

denputz. Die Feuchtigkeit kann aber auch nach innen durchschlagen. Andere unschöne Begleiterscheinungen sind immer wiederkehrende Kalkausblühungen oder auch die Ansiedlung von Moosen und Flechten, die auf einem rissigen Fliesenbelag die nötige Feuchtigkeit finden.

Ein vollständiger Neuaufbau ist ausgesprochen zeitaufwendig und kostspielig. Als erfolgversprechender Ausweg bietet sich hier bisweilen eine Beschichtung des vorhandenen Fliesenbelags an.

In vielen Fällen bewährt hat sich die Beschichtung mit der transparenten **Polyurethan-Versiegelung**. Der einkomponentige Werkstoff zeichnet sich nicht nur durch ein hohes Haftvermögen auf Fliesen und auf deren Fugenoberflächen, sondern auch durch eine hohe Bruchdehnung und Weiterreißfestigkeit aus. Er wird in zwei aufeinander folgenden Aufträgen mit einem breiten Flächenpinsel, Fellroller oder auch mit einem feinen Zahnspachtel aufgebracht und schafft einen hochelastischen, transparenten Siegelfilm. Dieser verhindert erneutes Eindringen von Feuchtigkeit, läßt zugleich aber

Wasserdampf aus dem Untergrund durch, so daß in der Tiefe eingeschlossene Restfeuchtigkeit mit der Zeit entweichen kann. Die Versiegelung erhält den ursprünglichen Charakter der Fliesenfläche und läßt sie buchstäblich wieder in altem Glanz erstrahlen.

Derartige Fliesenversiegelungen eignen sich zur Sanierung von Balkon- und Terrassenflächen oder auch Fenstersimsen. Das Material dichtet aber auch Mauerkronen zuverlässig ab, versiegelt undicht gewordene Glasbausteine samt Fugen und saniert verwitterte Lichtkuppeln.

Wer den Glanz der beschichteten Fläche nicht schätzt oder die Trittsicherheit verbessern will, kann dies durch einen dritten Auftrag von leicht verdünntem, mit Rutschfest-Granulat angereichertem Material erreichen.

Unansehnliche Fugen auffrischen

Farbige Fugen machen gute Laune. Wer ein altes Bad mit tristen grauen Fugen oder langweilig gefugte Fliesen in der Küche hat, braucht sich nicht Tag für Tag darüber zu ärgern. Die grauen Fugen werden nur von etwaigem

54

Grundkurs: Fliesenflächen auffrischen

Schmutz oder Seifenresten gereinigt und können nach dem Trocknen direkt mit Fugenfarbe getönt werden. Die Farbe haftet dauerhaft auf dem Fliesenmörtel. Sie trocknet wasch- und scheuerbeständig auf und wirkt zugleich pilzhemmend. Man trägt sie mit einem Pinsel oder einem Schwamm im Fugenverlauf auf. Nach einer Stunde wird die Oberfläche der Fliesen mit einem speziellen Schwamm gründlich gereinigt, worauf nur noch mit einem weichen Tuch nachgerieben werden muß. Damit erhält die Fliesenfläche ein frisches, farbenfrohes Aussehen.

Arbeitsanleitung: Fliesen für die Küche

Neue Fliesen für die Küche

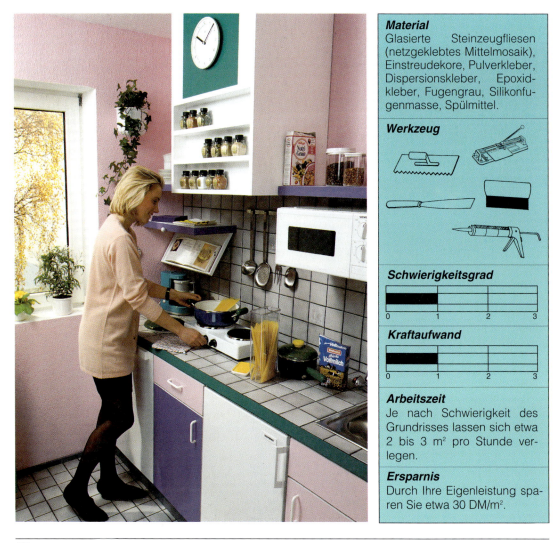

Material
Glasierte Steinzeugfliesen (netzgeklebtes Mittelmosaik), Einstreudekore, Pulverkleber, Dispersionskleber, Epoxidkleber, Fugengrau, Silikonfugenmasse, Spülmittel.

Werkzeug

Schwierigkeitsgrad

Kraftaufwand

Arbeitszeit
Je nach Schwierigkeit des Grundrisses lassen sich etwa 2 bis 3 m² pro Stunde verlegen.

Ersparnis
Durch Ihre Eigenleistung sparen Sie etwa 30 DM/m².

Arbeitsanleitung: Fliesen für die Küche

In Küchen, wo Hygiene groß geschrieben wird und der Umgang mit Wasser, Fett und anderem mehr zum täglichen Geschehen gehören, sind pflegeleichte Wand-, Boden und Arbeitsflächen gefragt. Für den Boden sollten Fliesen der Abriebgruppe IV gewählt werden, da unter Umständen auch mit kratzender Beanspruchung zu rechnen ist. Bei kleinen Küchen kann die Beanspruchung erheblich sein, da man alle Arbeiten auf engstem Raum verrichtet und sich auch die Belastung des Bodens auf diesen engen Bereich konzentriert.

Küchenböden werden unvermeidlich bei den üblichen Küchenaktivitäten auch einmal naß und möglicherweise dadurch auch rutschig. Dabei erweisen sich kleinere Formate aufgrund ihres höheren Fugenanteils als trittsicherer.

Für kleine Küchen wie auch für den Anfänger ideal sind netzgeklebte Mittelformate im Bereich von 5x5 über 7,5x10 bis 10x10 cm. Das relativ kleine Format läßt kleinere Flächen großzügiger erscheinen. Die Netzklebung in Tafeln von 300x500 mm läßt die Verlegung rasch voranschreiten und begrenzt die Sorge um ein gleichmäßiges Fugenbild auf das Ansetzen der nächsten Tafel. Außerdem sind solche Formate auch bei Nässe relativ trittsicher.

1 Die durch Netzklebung zu handlichen Tafeln zusammengefaßten Fliesen werden in der Hauptblickrichtung ausgerichtet und im Dünnbettverfahren mit pulverförmigem Sicherheitskleber verklebt, der mit Wasser zu einer verarbeitungsgerechten Mischung aufbereitet wurde.

2 Die Wandflächen zwischen Arbeitsplatten und Hängeschränken sind ebenfalls mit glasiertem 10x10 cm Steinzeug-Mittelmosaik gefliest. Für die Wandfriese ist eine grau geflammte Farbstellung attraktiv, die sich als neutrales Bindeglied zu dieser farbigen Küchengestaltung anbietet. Die Fliesen sind mit Disperionskleber im Dünnbettverfahren verklebt. Nach Fertigstellung des Belags werden die Randzuschnitte eingepaßt.

3 Nun verfugen Sie die mit Fliesen beklebte Arbeitsfläche. Der Zwei-Komponenten-Kleber sorgt für unempfindliche, dichte Fugen.

Arbeitsanleitung: Arbeitspodest verfliesen

Arbeitspodest in der Küche verfliesen

Material
Porenbeton-Plansteine, wasserfeste 28 mm Spanplatten, Schnellbauschrauben, Kanthölzer 3x5 und 6x6 cm, Porenbetondübel, Steingutfliesen 20x 20 cm, Dekorleisten, Steinzeugfliesen 20x 20 cm (Abriebgruppe IV), Tiefgrund, Dispersions-, Pulverkleber, Elastifizierungsmittel (Podest), Epoxid-Kleber, Fugenweiß, Fugengrau.

Werkzeug

Schwierigkeitsgrad

Kraftaufwand

Arbeitszeit
Etwa 50–60 Stunden.

Ersparnis
Durch Ihre Eigenleistung sparen Sie je nach Küchengröße 2 000 bis 3 000 DM inkl. Podestbau.

Arbeitsanleitung: Arbeitspodest verfliesen

Mit gefliesten Podesten lassen sich Altbauküchen raffiniert verwandeln, wie das folgende Beispiel zeigt.

1 In der Mitte der alten Küche hat man aus Porenbeton-Plansteinen einen zentralen Küchenblock aufgemauert, der Herd und Spüle aufnimmt. Das umlaufende Podest erlaubt es, die Ver- und Entsorgungsleitungen aus der üblichen Wandposition in die Raummitte zu leiten. Die Arbeitsinsel wird zum Wohnraum durch eine hohe Theke abgegrenzt.

2 Das umlaufende Spanplatten-Podest erhält einen pflegeleichten eleganten Fliesenbelag aus 20x20 cm Steinzeugfliesen. Ein seitlicher Sockel dient als Stellplatz für die Küchenmöbel. Auch er wird gefliest. Für eine sichere Verklebung sorgt ein Epoxid-Kleber.

Der Küchenblock aus Porenbeton erhält ebenfalls ein Fliesenkleid. Damit sich der für die Verlegung gewählte Dispersionskleber auf diesem saugenden Untergrund sicher verankern kann, werden die Flächen aus Porenbeton zuvor tiefgrundiert.

1

3

2

4

3 Für ein attraktives Bild sorgen schwarze, weiße und rote Steingutleisten, die Sie im Wechsel mit ganzen Fliesen verlegen.

4 Die Arbeitsplatte besteht aus einer wasserfesten, 28 mm dicken Spanplatte. Sie ist mit Porenbetondübeln auf dem Sockel zu verankern.

Die Oberfläche der Arbeitsplatte verfliesen Sie mit gleichformatigen weißen Steinzeugfliesen, die der Beanspruchung einer Arbeitsfläche besser als Steingutfliesen gewachsen sind. Die Verklebung erfolgt mit zweikomponentigem Epoxid-Kleber, der auch zum Verfugen geeignet ist. Er schafft wasserfeste Fugen.

Arbeitsanleitung: Natursteine für die Diele

Natursteine für die Diele

Arbeitsanleitung: Natursteine für die Diele

Material
Granit-Platten, Nivelliermasse, Grundierung, Klebemörtel, Fugenschlämmörtel, dauerelastische Fugenmasse.

Werkzeug

Schwierigkeitsgrad

| 0 | 1 | 2 | 3 |

Kraftaufwand

| 0 | 1 | 2 | 3 |

Arbeitszeit
Je nach Zuschnittaufwand etwa 1 bis 1 1/2 Stunden pro m².

Ersparnis
Etwa 40 bis 60 DM/m².

Naturstein, vor allem Granit, ist sicher einer der elegantesten Bodenbeläge. Zwar ist die Zuschneidetechnik mit der Diamantsäge nicht ganz einfach, aber die Schönheit des Ergebnisses entschädigt für die Mühe. Selbstverleger sollten sich für das hier gezeigte Dünnbettverfahren entscheiden.

Granit- und andere Natursteinplatten gibt es in reicher Auswahl. Ihre Formate weichen von den üblichen Fliesenmaßen ab. In diesem Beispiel handelt es sich um 30,5x30,5 cm Platten mit einer Dicke von 1 cm. Für die Treppe gibt es maßgefertigte Stufenelemente. Die Herstellungstechnik bedingt geringe Dickenunterschiede, die sich aber in der Regel durch das Klebemörtelbett ausgleichen lassen. Passend zum Belag gibt es Sockelleisten, die hier 8x50 cm messen.

Durch loses Auslegen läßt sich zuerst ein Überblick über die Raumgeometrie gewinnen. So läßt sich auch leicht feststellen, ob schiefe Wände Ausgleichsmaßnahmen nötig machen.

Wer noch keine Erfahrung im Umgang mit Natursteinplatten hat, sollte kompliziertere Anordnungen wie Diagonalverlegung mei-

1

2

3

Arbeitsanleitung: Natursteine für die Diele

4

6

5

7

1 Entsprechend dem zuvor angelegten Verlegeplan markieren Sie eine Fluchtlinie. Sie verläuft im maximalen Abstand von knapp zwei Plattenbreiten zur Wand. So müssen die Fliesen der an die Wand anschließenden Reihe nur gering beschnitten werden und schiefe Wände fallen weniger auf.

2 Sie tun gut daran, einen nicht allzu schnell abbindenden Klebemörtel zu wählen und auch nur so große Flächen vorzulegen, wie Sie in etwa 15 Minuten belegen können.
Ziehen Sie den Kleber mit einer Zahnkelle auf, wobei die Ansetzlinie sichtbar bleiben sollte. Wichtig ist, daß der Anstellwinkel der Kelle gleichbleibend durchgehalten wird. Die Zähne dürfen nicht auf dem Untergrund aufsetzen. Nur so erlaubt das Kleberbett den Ausgleich etwaiger Dickenunterschiede.

3 An einer Richtlatte oder straff gespannten Schnur verlegen Sie die erste Plattenreihe. Dabei ist auf einen gleichmäßigen Fugenabstand zu achten. Schmale Fugen bringen das Erscheinungsbild des Granits stärker zur Geltung.

den, um den Aufwand und Probleme beim Zuschnitt gering zu halten.
Der Untergrund muß wie beim Fliesenlegen planeben und tragfähig sein. Notfalls verhilft nach vorheriger Grundierung der Auftrag einer selbstverlaufenden Ausgleichsmasse, um ein verlegefertiges Planum zu erreichen.

Bei Neubauten kann der Estrich eine Sinterschicht aufweisen, die die Haftung des Klebemörtels beeinträchtigt und deshalb angeschliffen werden muß. Entsprechende Maschinen kann man auch leihen. Vor Beginn der Verlegearbeiten müssen alle Schleifrückstände sorgfältig mit einem Staubsauger entfernt werden.

Arbeitsanleitung: Natursteine für die Diele

4 Wenn die erste Reihe verlegt ist, legen Sie den Wandstreifen mit Mörtel vor.

5 Die Randfliesen passen Sie entsprechend dem Wandverlauf an. Dies geschieht am besten vorab, damit der Verlegevorgang zügig voranschreiten kann.

6 Wenn der Wandstreifen liegt, kann man den Belag zur Raummitte hin fortführen.

7 Nischen, Pfeiler und Säulen oder wie hier eine schräg verlaufende Wand erfordern maßgenaue Zuschnitte. Markieren Sie die Schnittlinie mit Wachskreide oder einem Fettstift wasserfest auf der Granitplatte, damit sie beim anschließenden Naßschneiden sichtbar bleibt.

8 Dann legen Sie die Platte auf den Schlitten der Diamantsäge und führen sie gegen das Sägeblatt.

9 Wichtig ist, daß Sie beim Sägen Fugenbreite und Wandabstand berücksichtigen, damit sich die Zuschnitte sauber einpassen lassen und das Fugenbild stimmt.

8

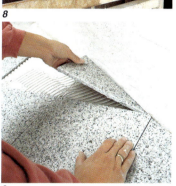
9

10 Bei komplizierten Aussparungen müssen Sie den Schnitt von zwei Seiten ansetzen und eventuell manuell nacharbeiten.

11 Wenn der Belag begehbar ist, kann man die Sockelstreifen ansetzen. Entweder tun Sie das in voller Länge oder Sie teilen sie so auf, daß ihre Kopffugen die

10

11

Belagsfugen aufnehmen (durchlaufender Fugenschnitt).

Zum Schluß wird verfugt. Rakeln Sie den Fugenschlämmörtel mit einem Gummibrett in die Fugen ein. Wenn die Masse nach etwa drei Stunden anzuziehen beginnt, waschen Sie den überschüssigen Mörtel ab.

Arbeitsanleitung: Badrenovierung

Badrenovierung: Fliese auf Fliese

Arbeitsanleitung: Badrenovierung

Material
Beiputzmörtel, Fettlöser, Steingutfliesen, Dispersionskleber, Pulverkleber, Fugenweiß, dauerelastische Fugenmasse, Nut-Feder-Bretter, Dachlatten, Dübel, Blechkrallen, Nägel, Vorlack, Lack.

Werkzeug

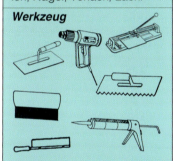

Schwierigkeitsgrad

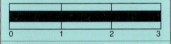

Kraftaufwand

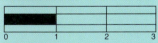

Arbeitszeit
Ungefähr 120 Stunden inkl. Vorarbeiten und Decke, jedoch ohne Installation und Möbelaufbau.

Ersparnis
Etwa 3 600 DM.

Wenn es um die Neugestaltung alter Bäder geht, versuchen die meisten Renovierer, sich aus berechtigter Furcht vor Lärm, Anstrengung und Schmutz davor zu drücken, die Altfliesen mühsam abzuschlagen und den entstandenen Schutt zu entsorgen. Oft fällt man dann die Entscheidung, Fliesen auf Fliesen zu kleben. Voraussetzung ist allerdings, daß am Fußboden keine zu große Stufe entsteht und daß die Dicke der neuen Fliesenschicht keine Probleme bei Einbauten oder Anschlüssen an Fenstern und Türen aufwirft.

Bevor es an die Fliesenarbeiten geht, hat der Installateur das Wort. Er demontiert alle Sanitärgeräte wie Waschbecken, WC, Bidet und Urinal. Soweit die Dicke der neu anzubringenden Fliesen es erfordert, müssen die **Rohraustritte entsprechend verlängert** werden. In diesem Zusammenhang können auch Leitungen neu verlegt werden, wenn die Anordnung der Sanitärgeräte sich ändern soll. Das Aufschlagen der gefliesten Flächen bedeutet keine Probleme, da Wände und Boden ohnehin mit Neufliesen überklebt werden.

1

2

3

65

Arbeitsanleitung: Badrenovierung

4

5

7

1 Üblicherweise werden die Rohre mit **Stopfen** versehen, die weit hervorragen. So lassen sie sich später problemlos entfernen, wenn die Sanitärgeräte wieder angeschlossen beziehungsweise neu installiert werden.

2 Dort, wo die Wände höher gefliest werden sollen, muß die Wandfläche oberhalb der Altfliesen beigeputzt werden. Nachdem Sie den alten Farbanstrich abgestoßen und die Putzfläche angepickt haben, nässen Sie diese leicht vor. Danach tragen Sie einen dünnen Spritzbewurf auf. Wenn dieser angezogen hat, wird vollflächig beigeputzt.

Bei Altbauten mit im Dickbett verlegten Altfliesen treten zum Teil erhebliche Versprünge zwischen der Oberfläche der Altfliesen und den Putzflächen darüber auf. Diese verlaufen nicht immer gleichmäßig, sondern oft schräg, weil der Fliesenleger Abweichungen der Mauermaße ausgeglichen hat. In diesem Fall kann es notwendig sein, vor dem Beiputzen Streckmetall auf den Altputz zu nageln.

3 Vor dem Fliesenkleben waschen Sie die Altfliesen mit einem **Fettlöser** ab und picken sie mit dem Fliesenhammer an. Danach ziehen Sie nach Markieren einer Basislinie den Fliesenkleber auf eine 1 bis 1,5 m^2 große Teilfläche auf.

4 In das sorgfältig durchgekämmte Kleberbett können Sie nun die Fliesen einbetten. Anschließend sind die Fliesen sorgfältig anzudrücken.

5 Die Ausbildung der Raumecken sollte vor Arbeitsbeginn geplant werden, um ein in sich harmonisches Verlegebild zu erreichen. In diesem Beispiel handelt es sich um Fliesen mit einer perlmuttartigen Effektglasur. Deshalb sind die Außenecken auf

Arbeitsanleitung: Badrenovierung

Gehrung geschnitten, so daß sich eine einheitlich wirkende Fliesenfläche ergibt.

Beim Ansetzen der jolly-geschnittenen Fliesen ist auf einen sauberen Paßsitz und eine **gleichmäßige Eckfuge** zu achten. Hier ist Augenmaß gefragt.

6 Die Einbau-Badewanne sitzt hier in einem Hartschaumkörper, der sich problemlos verfliesen läßt. Für diesen speziellen Untergrund bietet sich ein Pulverkleber an, wie er auch beim Verfliesen des Bodens zum Einsatz kommt. Er wird mit einer Zahnkelle aufgezogen.

7 Anschließend werden die Fliesen angesetzt. Auch an dieser Ecke sorgen jolly-geschnittene Fliesen für eine optisch perfekte Eckausbildung.

8 Zum Schluß wird der Boden gefliest. Zum Verlegen verwenden Sie einen mit Wasser angemischten Pulverkleber, in den Sie die Fliesen sorgfältig einbetten.

9 Mit einem Fugbrett wird Fugenweiß in die noch offenen Fugen der Wandfliesen eingerakelt.

8

9

10

11

10 Auch die Bodenfugen werden hell gefugt. Links an der Stirnseite ist die Revisionsöffnung für den Wannenabfluß erkennbar.

11 Die Baddecke erhält eine Verkleidung aus Nut-Feder-Brettern, die vor der Montage lackiert wurden. Die ehemalige kleine Schräge verwandelt man in einen harmonischer wirkenden Bogen. Hier werden die einzelnen Nut-Feder-Bretter nacheinander eingepaßt.

Dann werden sie mit verzinkten Blechkrallen auf der Unterkonstruktion fixiert. Zum Schluß lackiert man die gesamte Decke noch einmal.

Arbeitsanleitung: Bodentemperier-Elemente verlegen

Bodentemperier-Elemente im Bad verlegen

Arbeitsanleitung: Bodentemperier-Elemente verlegen

Material
Bodentemperier-Element nach Planung, fußbodenheizungsgeeigneter Fliesenkleber, UP-Dose, Kunststoff-Panzerrohr, Verbindungsklemmen, Zeitschaltuhr bzw. Thermostat.

Werkzeug

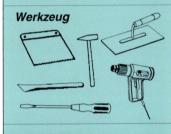

Schwierigkeitsgrad

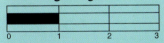

Kraftaufwand

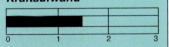

Arbeitszeit
Für 2m² etwa 1 bis 2 Stunden.

Ersparnis
Ungefähr 30 bis 50 DM pro m², Vorleistungen nicht mit eingerechnet.

Sicher haben Sie bei der Planung zum Renovieren Ihres Badezimmers auch daran gedacht, eine Fußbodenheizung einzubauen, sind aber vor dem vermeintlichen Aufwand zurückgeschreckt. Der Handel bietet aber neben traditionellen Bodenheizungen auch Bodentemperier-Elemente in Standardgrößen mit 230 Volt oder 48 Volt Sicherheitskleinspannung an, die sich sehr schnell und leicht selbst verlegen lassen.

Dabei ist die Leistungsaufnahme dieser Elemente vergleichsweise gering: Bei etwa 160 Watt pro Quadratmeter verbrauchen Sie für eine Fläche von 2 m² nur 320 Watt pro Stunde.

Bei einer durchschnittlichen, über eine Zeitschaltuhr gesteuerten Betriebszeit von 3 Stunden täglich entstehen Ihnen dafür also Kosten von ungefähr 25 Pfennigen.

1 Bevor Sie beginnen, fertigen Sie am besten einen Grundriß des Bads mit allen Sanitärobjekten an. So können Sie sehr leicht feststellen, welche Temperier-Elemente Sie benötigen und wo Sie diese verlegen können.

2 Zuerst bereiten Sie dann die Elektroinstallationen an der Wand vor. Erfolgt die Steuerung über ein Thermostat mit Bodentemperaturfühler, wird eine Unterputzdose (UP-Dose) von 55 mm Durchmesser benötigt. Sie sollte in der gleichen Höhe wie der Lichtschalter installiert werden.

Zur Verlegung der Leitung und des Temperaturfühlers werden zwei Leerrohre (Kunststoff-Panzerrohr, etwa 16 mm Durchmesser) in die Wand gelegt. Dazu stemmt man von der UP-Dose bis zum Boden einen Schlitz von etwa 4 cm Breite auf. Für das Leerrohr des Temperaturfühlers wird dieser Schlitz im Boden fortgesetzt.

Um die Leerrohre in Wand und Boden zu verbinden, verwenden Sie am besten ein starres 90-Grad-Verbindungsstück. Dann können Sie den Temperaturfühler gegebenenfalls auswechseln.

3 Alternativ kann die Steuerung auch über eine Zeitschaltuhr erfolgen. Die dazu benötigte UP-Dose bringen Sie gleichfalls in Lichtschalterhöhe an. Zur Aufnahme des Elektrokabels benöti-

Arbeitsanleitung: Bodentemperier-Elemente verlegen

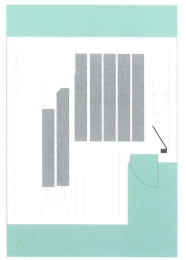

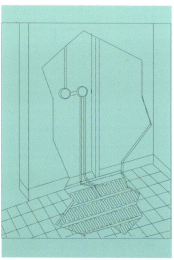

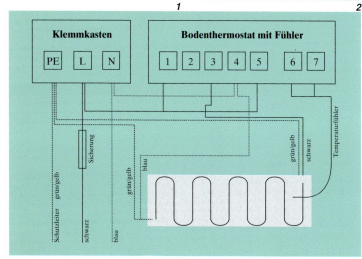

gen Sie dann nur ein Leerrohr. Den Schlitz in der Wand gestalten Sie entsprechend schmaler (etwa 2 cm Durchmesser).

Sehr komfortabel ist die Kombination eines Temperaturreglers mit einer Zeitschaltuhr. Sie benötigen dazu – neben den beiden Leerrohren – auch zwei UP-Dosen an der Wand.

Die elektrischen Anschlüsse erfolgen nach einem Schaltplan, der jeder Matte beiliegt.

Für Flächen bis etwa 14 m² reicht die vorhandene Netzzuleitung für gewöhnlich aus. Bei größeren Flächen ist eine eigene Sicherung nötig. Diese Arbeit sowie der Anschluß der Bodentemperier-Elemente müssen unbedingt vom Fachmann durchgeführt werden. Bei Flächen bis 14 m² können Sie aber auch 48 Volt-Elemente an einen Trafo anschließen. Ein Fachmann ist dann nicht notwendig.

4 Der Untergrund wird wie üblich vorbereitet. Er muß staubfrei und trocken sein. Auf jeden Fall sollten Sie die ganze Fläche sorgfältig grundieren.

Arbeitsanleitung: Bodentemperier-Elemente verlegen

5 Legen Sie dann das Temperier-Element auf dem Boden aus. Markieren Sie die etwas dickeren Anschlußstellen zwischen Heizleiter und Anschlußkabel.

6 Diese Stellen stemmen Sie so tief auf, daß die Anschlüsse nicht mehr überstehen.

7 Rühren Sie dann den fußbodenheizungsgeeigneten Fliesenkleber nach Vorschrift an und tragen Sie ihn sorgfältig und gleichmäßig auf, damit keine Unebenheiten entstehen. Verwenden Sie dazu einen Zahnspachtel mit 5-mm-Zahnung.

8 Nun legen Sie das Bodentemperier-Element darauf und drücken es mit der flachen Hand überall fest in das Kleberbett ein.

9 Mit einer glatten Kelle ziehen Sie nun eine weitere Schicht Fliesenkleber möglichst glatt darüber. Das Heizkabel sollte ganz darin zu liegen kommen. Das Anschlußkabel führen Sie durch das Leerrohr in die UP-Dose ein.

Nach etwa 24 Stunden Trocknungszeit kann der Boden gefliest werden.

4

7

5

8

6

9

Arbeitsanleitung: Bad modernisieren

Altes Bad modernisieren

Material
Gipskartonplatten, Steinwoll-Dämmplatten, Schnellbauschrauben, Metallprofile, Dübel, Ausgleichsestrich, Steingutfliesen, glasierte Steinzeugfliesen, Dispersions- und Pulverkleber, Fugenweiß und Fugengrau, Fugenmasse, Zementschleierentferner.

Werkzeug

Schwierigkeitsgrad

Kraftaufwand

Arbeitszeit
Etwa 80 Stunden inklusive Vorarbeiten, jedoch ohne Installationsarbeiten und Fenstereinbau.

Ersparnis
Ungefähr 2 000 bis 2 500 DM.

Arbeitsanleitung: Bad modernisieren

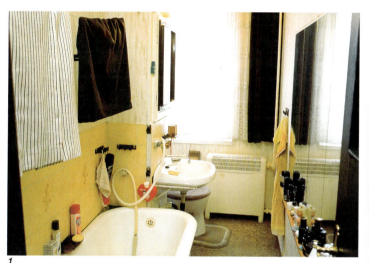

1

2

3

1 Kleine, schlauchartige Bäder gibt es nicht nur in Plattenbauten. Auch in vielen anderen Wohnungen mutet das Bad öfter so an, als repräsentiere es irgendwie den Rest, der beim Aufteilen des Grundrisses übriggeblieben ist. Ebenso erweckt die Ausstattung oftmals den Eindruck, als habe man das Nötigste im Raum untergebracht, ohne sich großartig um Funktion und Optik zu kümmern.

Bei dem abgebildeten Altbad waren die Sanitärgeräte in Reihe angeordnet. Freistehende Badewanne und Waschbecken wurden über einen langen Schwenkhahn versorgt. Das WC lag im hinteren Teil des Raums in der Nähe des Fensters.

Gleich zu Beginn der Renovierung hat man dieses Fenster durch ein Kunststoff-Fenster ersetzt. Die Anordnung von Wanne, Waschtisch und WC hat man im wesentlichen beibehalten. Die neue Einbauwanne ist jedoch schall- und wärmetechnisch vorteilhaft in einen Hartschaum-Wannenträger gesetzt, der auch das Verfliesen erleichtert.

Arbeitsanleitung: Bad modernisieren

4

7

5

8

6

9

Das Bad ist durch einen vor dem Versorgungsschacht angebrachten Spiegel, der wie eine Schranktür zu öffnen ist, und einen gegenüberliegenden raumhohen Wandspiegel effektvoll aufgewertet. Beide Spiegel erlauben es nicht nur, sich beim Frisieren von hinten zu sehen, sondern lassen den schmalen Raum auch etwas geräumiger erscheinen (vgl. Abbildung auf Seite 72).

2 Die kleine Schwelle vom Fußboden zum Flur können Sie mit einem selbstverlaufenden Ausgleichsestrich begradigen.

3 Einen optischen und zumindest bei Regenwetter auch akustischen Störfaktor stellte hier nicht zuletzt die durch das Bad laufende Dachentwässerung dar. Das ungedämmte und frei sichtbare Abflußrohr hat man mit feuchtraumgeeigneten Gipskartonzuschnitten auf einer Metall-Unterkonstruktion verkleidet und durch Ausfüllen aller Hohlräume mit Steinwolle schalltechnisch entschärft.

4 Mit einem Stielspachtel entfernen Sie die alten Tapeten und

Arbeitsanleitung: Bad modernisieren

Anstriche, um einen haftsicheren Untergrund zum Verfliesen der Wände zu schaffen.

5 Eine Vorbehandlung der gesäuberten Putzflächen mit einer wasserhaltigen Acryl-Grundierung verfestigt den Untergrund und sorgt für eine gleichmäßige Saugfähigkeit.

6 Mit einem Zahnkamm ziehen Sie den Dispersions-Fliesenkleber auf die Wände auf.

7 Anschließend drücken Sie die hellgrundigen Fliesen ins Kleberbett. Die umlaufende Bordüre in Augenhöhe ist für ein so kleines Bad gerade der passende Schmuck.

Die Zuschnitte der Paßstücke für die Wandecken führen Sie mit dem Fliesenschneider aus.

8 Die neue Einbaubadewanne sitzt in einem Hartschaum-Wannenträger, der ideale Voraussetzungen für das Verfliesen bietet. Für den Bodenbelag mischen Sie Pulverkleber an.

Der in die Bohrmaschine eingespannte Rührer ist eine willkom-

10

11

12

13

14

15

Arbeitsanleitung: Bad modernisieren

16

aufzutrocknen beginnt, reinigen Sie die Fliesenoberfläche mit einem immer wieder auszuwaschenden feuchten Schwamm.

13 Hier stoßen zwei Baustoffe, die Betonwand und Gipskartonflächen, zusammen. Die Stoßfuge zwischen den Fliesenbelägen auf unterschiedlichen Untergründen müssen Sie dauerelastisch verfugen, um Rißbildungen zu vermeiden. Hierzu werden die Fugenflanken zunächst abgeklebt.

14–15 Die noch offenen Fugen spritzen Sie dauerelastisch aus und glätten sie mit dem mit Spülmittel benetzten Finger. Bevor die Klebebänder abgezogen werden, sollten Sie die Fugen zum Schluß noch einmal gründlich nachglätten.

16 Die diagonale Verfliesung schließen Sie durch einen rechtwinklig verlegten Fliesenstreifen in Zargenbreite ab. Damit erzielen Sie einen schönen Übergang im Schwellenbereich.

17 Die Mühe hat sich gelohnt, das Ergebnis kann sich sehen lassen.

mene Hilfe und steigert die Qualität der Masse.

9 Die diagonal verlegten Fliesen verleihen dem Bad einen besonderen Pfiff.

10 Am Wandanschluß passen Sie die dreieckigen Zuschnitte ein.

11 Die noch offenen Fugen an der Wand verfugen Sie weiß.

12 Die Bodenverfugung erfolgt in weniger empfindlichem Grau. Wenn die Fugenmasse stumpf

17

Arbeitsanleitung: Terrassenfliesen sanieren

Terrassenfliesen sanieren

Material
Fliesenreiniger, flüssige Abdichtung, Mittelbettmörtel, Flexibilisierungsmittel, grobkeramische Fliesen 15x15 cm, Sockelriemchen und Treppenauftritte, Fugenbreit, dauerelastische Fugenmasse.

Werkzeug

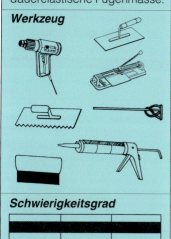

Schwierigkeitsgrad

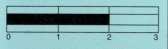

Kraftaufwand

Arbeitszeit
Ungefähr 1,5 Stunden pro m².

Ersparnis
Etwa 40 DM pro m².

Bei alten Terrassen sind Belag und Untergrund nicht immer schadhaft. Oft ist nur eine optische Aufwertung gefragt, die durch Aufkleben neuer Fliesen auf den alten Belag relativ einfach zu realisieren ist. Allerdings ist bei Freiflächen immer sicherzustellen, daß der Belag auch wirklich wasserdicht ausgeführt wird, damit die neuverlegten Fliesen nicht beim nächsten Frost auffrieren. Um eine dauerhafte Verklebung von Fliesen auf Fliesen im Freien zu garantieren, sind frostfeste Fliesen und Verlegematerialien sowie spezielle Abdichtungen gefragt. Profis wenden in solchen Fällen gern eine Verklebung der Fliesen im Mittelbett an.

In diesem Beispiel werden grau gesprenkelte quadratische Grobkeramikfliesen im Format 15x15 cm zusammen mit passenden Sockelriemchen und Treppenauftritten gewählt.

Ganz wichtig für eine dauerhafte Terrassensanierung sind die Vorarbeiten. Sie sollen sicherstellen, daß Regenwasser abfließt und sich weder stauen noch unter den Neubelag gelangen kann.

1

2

3

77

Arbeitsanleitung: Terrassenfliesen sanieren

4   6

5   7

Hier weist der Belag ein Gefälle zu einem Gully auf. Vor der Zugangstür zum Haus liegt eine kleine Stufe, die verhindern soll, daß bei Wind und Regen Wasser unter der Tür hindurch ins Haus fließen kann, zumal zwischen Oberkante Stufe und Türschwelle noch eine kleine Abstufung von etwa 1,5 cm liegt.

Durch die Niveauanhebung beim Fliesen-auf-Fliesen-Kleben besteht nun die Gefahr, daß das Regenwasser vor der Schwelle nicht mehr ordnungsgemäß abfließt.

1 Um dies zu vermeiden, sollte man im kritischen Bereich vor der Terrassentür eine spezielle Drainage bauen. Hierzu schneidet man den Estrich vor der Tür zunächst mit einer Mauernutfräse parallel ein.

2 Anschließend können Sie die stehengebliebenen Estrichstege wegstemmen. So entsteht ein flaches Auffangbecken, von dem das Regenwasser über einen halbrunden Kanal abgeführt wird. Als Abdeckung dient ein abgekantetes Edelstahlblech mit Bohrungen. Der kurze Kanal wird anschließend mit aufgeklebten Flie-

Arbeitsanleitung: Terrassenfliesen sanieren

sen überdeckt. Er läßt sich bei Bedarf leicht mit einem Draht oder einer Bürste reinigen.

3 Eine dauerhafte Sanierung setzt eine saubere, griffige Fliesenfläche voraus, weshalb der Altbelag zunächst mit einem Fliesenreiniger abzuwaschen ist. Anschließend spülen Sie mit klarem Wasser nach und lassen den Belag gründlich trocknen.

4 Als nächstes wird eine Sperrschicht aufgebracht. Es gibt ein- und zweikomponentige Abdichtungen, die eine wasserdichte Haut bilden. Die aufgebrachte Versiegelung muß nach Vorschrift trocknen beziehungsweise aushärten.
Zum Verlegen der Fliesen dient ein spezieller Mittelbettmörtel, den Sie unter Zusatz eines Flexibilisierungsmittels ansetzen.

5 Die nach Vorschrift gereifte Klebemörtelmischung ziehen Sie nun in arbeitsgerechten Teilflächen mittels Zahnkelle auf.

6 Anders als beim Dünnbettkleben erhält hier jede Fliese einen etwa 1 cm dicken, vollflächigen Klebemörtelauftrag.

8

10

9

11

79

Arbeitsanleitung: Terrassenfliesen sanieren

7 Sie wird anschließend in das Mörtelbett gedrückt und mit einem Fliesenhammer leicht angeklopft, bis sich eine plane Fläche ergibt.

8 Hier wird die relativ kleine Fläche aus optischen Gründen diagonal gefliest. Die Randstücke schneiden Sie mit einer Fliesenschneidemaschine zu.

9 Nun passen Sie sie in die Randzwickel ein und klopfen sie anschließend mit dem Fliesenhammer an.

10 Mit der gleichen Klebemörtelmischung klebt man am Wandanschluß Sockelriemchen an. Fliesenkeile sorgen für den Fugenabstand zwischen Sockel und Bodenfliesen.

11 Von der tieferliegenden, windgeschützten Sitzecke führt eine Treppe zum höherliegenden Garten. Auch sie wird im gleichen Verfahren gefliest. Dabei bekleben Sie zuerst die senkrechten Treppenflächen mit Fliesenzuschnitten.

12 Die Stufenkanten bilden spezielle Formstücke, die man zuerst

12

13 15

Arbeitsanleitung: Terrassenfliesen sanieren

ohne Mörtel auflegt, um die Zuschnittbreite für die Reststufe zu ermitteln.

13 Wenn alle Zuschnitte fertig sind, geht es ans Verlegen. Auf die Formstücke tragen Sie rückseitig die Klebemörtelmischung auf. Jetzt setzen Sie das Formstück auf die ebenfalls mit Klebemörtel abgezogene Trittfläche und klopfen es fest.

14 Zum Verfugen wird Fugenmörtel für bis zu 15 mm breite Fugen angesetzt und mit dem Elektrorührer gut durchgearbeitet. Der schlanke Fugenmörtel wird dann zügig mit einem Fugbrett in die Fliesenfugen eingerakelt. Die Anschlußfugen zwischen Bodenbelag und Sockel sind mit farblich passendem Silikonkautschuk auszufugen. Zuletzt reinigen Sie die Fliesenoberfläche wie üblich.

15–16 Eine saubere und funktionelle Ablauflösung: Das Regenwasser aus dem Türbereich wird »unterirdisch« abgeführt.

17 Ein kühles, windgeschütztes Plätzchen zum Plauschen, Grillen und Feiern.

16

17

Arbeitsanleitung: Terrasse neu fliesen

Neue Fliesen für die Terrasse

Arbeitsanleitung: Terrasse neu fliesen

Material
Frostfeste Steinzeugfliesen, Grundierung, Reparaturmörtel, Isoliermasse, Glasgewebe, Trennfolie, Sicherheitskleber mit Dichtzusatz, Putzband zum Abkleben, Fugenbreit mit Elastifizierungszusatz, dauerelastische Fugenmasse, Schaumstoffstrang (ca. 8 mm dick), wasserfeste Spanplatte 19 mm.

Werkzeug

Schwierigkeitsgrad

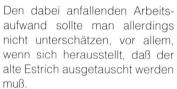

Kraftaufwand

Arbeitszeit
Etwa 200 Stunden.

Ersparnis
Etwa 5 000 DM.

Die zunehmend schönen Sommer in unseren Breiten machen die früher eher selten genutzte Terrasse zu einer neuen Attraktion. Die wachsende Vorliebe fürs »Wohnen im Freien« hat zugleich dazu geführt, daß so mancher die heimische Terrasse einmal kritisch betrachtet und dabei zu dem Schluß kommt, daß es höchste Zeit für eine grundlegende Renovierung ist.

Den dabei anfallenden Arbeitsaufwand sollte man allerdings nicht unterschätzen, vor allem, wenn sich herausstellt, daß der alte Estrich ausgetauscht werden muß.

1 Zuerst gilt es, die Terrasse von Altfliesen und dem schadhaften Estrich zu befreien, bevor der neue Fliesenbelag erfolgt.

2 Die freigelegte Betonplatte grundieren Sie dort, wo der Beton ausgebrochen oder schadhaft war.

3 Anschließend glättet man diese Stellen mit Reparaturmörtel und schafft so ein Planum für die als nächstes anstehende Abdichtung.

1

2

3

Arbeitsanleitung: Terrasse neu fliesen

4 Hierzu verwenden Sie eine streichfähige Dichtmasse, mit der die ausgebesserte, inzwischen durchgetrocknete Betonplatte vollflächig isoliert wird.

5 Im Bereich der Hauswand existiert bereits eine Isolierung. Zu ihr stellen Sie mittels eines in die Streichmasse eingebetteten Glasgewebestreifens eine zuverlässige Verbindung her.

6 Im nächsten Arbeitsgang bringen Sie eine Trennfolie faltenfrei auf, die als Gleitschicht für den aufzubringenden Estrich dient.

7 Sind Dehnungsfugen notwendig, dann sorgen etwa 2 cm dicke, gerade Bretter, die mit Zwingen hochkant fixiert sind, für die Unterbrechung der Estrichschüttung. Sie werden nach deren Abbinden wieder entfernt.

8 Ist der neue Estrich trocken, ziehen Sie die Fläche ab, um eine ebene Verlegefläche für die Dünnbettverklebung zu erreichen. Auch in dieser Spachtelschicht müssen Sie auf die zuvor festgelegten Dehnungsfugen achten. Fixieren Sie dazu Hartschaumstreifen mit naßfestem

Arbeitsanleitung: Terrasse neu fliesen

und mörtelbeständigem Tesa-Putzband.

9 Nun verlegen Sie die Steinzeugfliesen mit der gleichen Mischung aus Sicherheitskleber und Dichtzusatz im Dünnbett.

10 Ist der Estrich bei der Fliesenverklebung noch nicht durchgehärtet, müssen die Fliesenfugen zunächst offen bleiben. Das Verfugen erfolgt erst später mit Fugenbreit unter Zusatz eines elastifizierenden Mittels. Die Dehnungsfugen verfugt man dauerelastisch, wobei ein in die Dehnungsfuge gedrückter runder Schaumstoffstrang nicht nur die Verbrauchsmenge reduziert, sondern zugleich die unerwünschte Haftung der Fugenmasse am Fugenboden unterbindet.

11–12 Die Montage einer Pergola erfordert einige Überlegungen, in die vor allem der Verankerungsgrund in die Konsole einzubeziehen ist. Zur Aufnahme der Bodenkonsolen werden die Pfosten am unteren Ende mittig geschlitzt. Damit ablaufendes Regenwasser nicht vom Hirnholz der Pfostenunterkante aufgesogen wird, fräst man an der Unterseite der Pfosten eine umlaufende Nut ein, die das Abtropfen fördert. Die im Terrassenboden verankerten Pfostenkonsolen werden von den geschlitzten Pfosten umfaßt und sind mit diesen durch Gewindeschrauben verbunden.

13 Als Terrassenschmuck dienen auf Möbelrollen fahrbare Container aus wetterfester Spanplatte, deren Maße man so wählt, daß sie sich ohne Zuschnitte mit den für die Terrasse gewählten Fliesen bekleben lassen. Man kann solche Container als Sitzbänke verwenden oder, mit einem Einsatz versehen, bepflanzen. Für die wetterbeständige Verklebung und wasserdichte Fugen sorgen Verkleben und Verfugen mit zweikomponentigem Kleber.

10

12

11

13

Arbeitsanleitung: Balkon verfliesen

Quadrate und Schiffchen für den Balkonbelag

Material
Unglasiertes Steinzeug (Quadrate und Schiffchen), Reparaturmörtel, Pulverkleber, Fliesenbreit, dauerelastische Fugenmasse, Fliesenreiniger.

Werkzeug

Schwierigkeitsgrad

Kraftaufwand

Arbeitszeit
Etwa 1 Stunde pro m².

Ersparnis
Etwa 40 DM/m².

Fliesen werden nicht nur aus praktischen Erwägungen als Bodenbeläge für Terrassen, Balkone und andere Freiflächen gewählt. Neben dem Spiel mit Farben und Verlegemustern erlauben Formatkombinationen interessante Flächengestaltungen. Das hier gewählte rotbraune, unglasierte Steinzeug besitzt eine mikrorauhe Oberfläche, die auch bei Nässe für eine gewisse Trittsicherheit sorgt. Dieser Effekt wird durch die im Winkel zueinander verlaufenden Fliesenfugen wirksam unterstützt.

Wenn Balkone gefliest werden, muß sichergestellt sein, daß sie bautechnisch einwandfrei sind. Indizien für Schäden sind auf der Unterseite oder an der Vorderkante abplatzender Putz oder Kalkausblühungen. Beide Erscheinungen weisen auf eine nicht wasserdichte Balkonkonstruktion hin. In solchen Fällen sollte man unbedingt den Rat eines Fachmanns einholen, denn durch das bloße Aufbringen eines Fliesenbelags lassen sich solche Schäden nicht kurieren.

Sofern die Statik noch in Ordnung ist, muß mindestens eine Dicht-

schicht aufgebracht werden, wie dies im folgenden Beispiel beschrieben ist.

Beschränken sich die Schäden jedoch lediglich auf oberflächliche Risse, so steht einer direkten Verfliesung nichts im Wege.

1 Machen Sie sich die Mühe, die Schadstellen auszukratzen und anschließend mit einem geeigneten Reparaturmörtel auszubessern. Wer zügig weiterarbeiten möchte, kann dafür auch sogenannten Blitzzement benutzen.

2 Auf den so reparierten, trockenen und staubfreien Untergrund kann man nun mit einer Zahnkelle frostbeständigen Fliesenklebemörtel auftragen. Dabei ist eine Zahnung zu wählen, die eine ausreichende Einbettung der Fliesen sicherstellt (siehe Verarbeitungsanleitung auf dem Gebinde).

3 Die Fliesenfläche besteht aus quadratischen Platten, die jeweils von vier Sechseck-Fliesen, sogenannten »Schiffchen« eingerahmt werden. Um ein harmonisches Belagsbild zu erreichen, spannen Sie am besten mittig ei-

86

Arbeitsanleitung: Balkon verfliesen

ne Richtschnur, unter der Sie die mittlere Fliesenreihe so verlegen, daß die Fliesendiagonale und die Schnur deckungsgleich verlaufen. Der gleiche Effekt läßt sich auch mit einem Laserliner erreichen, der es erlaubt, auf die störende Schnur zu verzichten.

Um ein gleichmäßiges Fugenbild sicherzustellen, helfen in die Fugen gesteckte, kurze Leistenabschnitte. Dann drücken Sie die Fliese in das Kleberbett.

4 Die Verfugung erfolgt mit einem für die gewählte Fugenbreite geeigneten frostbeständigen Fugenmörtel. Dabei muß man sich für die passende Farbe entscheiden: Grauer Fugenmörtel ist neutral und zugleich pflegeleicht. Unauffällige Ton-in-Ton-Verfugungen betonen die Flächenwirkung; farblich oder in der Helligkeit kontrastierende Fugenfarben heben das geometrische Muster hervor.

Die nicht zu flüssig angesetzte Fugenmasse rakeln Sie mit einem Gummiwischer in die Fugen. Um besonders dichte Fugen zu erhalten, kann man die frische Verfugung anschließend mit trocke-

1

2

nem Mörtelpulver abstreuen, wodurch der Bindergehalt in der Fugenoberfläche erhöht wird.

Profis reinigen die verfugte Fläche durch Aufstreuen von Weichholzsägemehl, das Fugenrückstände bindet und zusammen mit diesen abgekehrt wird. Man kann aber auch die konventionelle Methode des

3

4

Nachwaschens wählen, wobei darauf zu achten ist, daß die Fugen nicht ausgewaschen werden. Bei unglasiertem Steinzeug, das durch seine mikrorauhe Oberfläche Zement- und Farbrückstände leichter festhält, kann es notwendig sein, nach ein bis zwei Tagen mit Zementschleierentferner noch einmal nachzuwaschen.

87

Arbeitsanleitung: Fliesen kombiniert mit Teppichboden

Fliesen kombiniert mit Teppichboden

Material
Steinzeugfliesen 20x20 cm, Messing-Abschlußschienen, Epoxid-Kleber, Pulverkleber, Fugengrau, Teppichklebeband, Teppichboden.

Werkzeug

Schwierigkeitsgrad

Kraftaufwand

Arbeitszeit
Je nach Form des Anschlusses ungefähr 1/2 bis 1 Stunde pro laufenden Meter.

Ersparnis
Etwa 15 bis 20 DM/lfm.

Arbeitsanleitung: Fliesen kombiniert mit Teppichboden

Fliesen und Teppichboden lassen sich durchaus reizvoll kombinieren.

1–2 Ungewöhnlich und wirkungsvoll sind Fliesenstreifen, die den Teppichbodenbelag eines langen Flurs mehrfach unterbrechen und dabei vielleicht gefliese stollenartige Vorsprünge der Wände im Bodenbelag fortsetzen.

In einem Partyraum oder einer Kellerbar könnten Sie zum Beispiel auch eine gefliese Tanzinsel anlegen, die ringsum mit Teppichboden eingefaßt ist.

Moderne dünne Fliesen erlauben einen niveaugleichen Übergang ohne Stolperkanten. Allerdings ist eine technisch richtige Ausführung des Übergangs unerläßlich, damit Randfliesen nicht losgerissen werden.

Aus diesem Grunde sind Abschlußschienen aus Messing unverzichtbar. Es gibt sie passend zu allen gängigen Fliesendicken.

Kleben Sie diese mit Zwei-Komponenten-Kleber auf den Unterboden.

2

4

3

5

3 Die Verlegung erfolgt dann im Dünnbett-Klebeverfahren.

4 Die Teppichbodenpaneele werden kantenschlüssig zugeschnitten und mit doppelseitigem Klebeband oder flüssiger Teppichfixierung auf dem Untergrund verlegt.
Eine vollflächige Fixierung ist bei strapazierten Flächen wie in einer Kellerbar oder auch in der Diele der losen Verlegung mit Randfixierung auf jeden Fall vorzuziehen.

5 Sie können die Abschlußschiene beim Beschnitt zugleich als Klingenführung für das Teppichbodenmesser verwenden.

89

Arbeitsanleitung: Bad fürs Gästezimmer

Kompaktbad für das Gästezimmer

Arbeitsanleitung: Bad fürs Gästezimmer

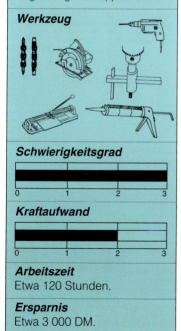

Material
Ständerhölzer 6x6 cm, Aussteifungen 6x4 cm, Anschlußdichtung, Nageldübel, lange Holzschrauben, Gipskartonplatten, Steinwollplatten, Stopfwolle, 2 Ständerwerkszargen, 2 Stahl-Innentüren folienbeschichtet, dauerelastische Fugenmasse, Porenbeton-Plansteine, Dispersionskleber, Dichtungsband, Steingutfliesen 10x15 cm, blaue Keramikleisten 5x15 cm, Pulverkleber, glasierte Steinzeugfliesen 15x15 cm, Messingschiene als Abgrenzung zum Teppichboden.

Werkzeug

Schwierigkeitsgrad

0	1	2	3

Kraftaufwand

0	1	2	3

Arbeitszeit
Etwa 120 Stunden.

Ersparnis
Etwa 3 000 DM.

In manchem Haus und mancher Wohnung gibt es ein Gästezimmer, das allerdings nur selten genutzt wird, weil man den lieben Besuch mangels Gästebad durchs eigene Badezimmer schleusen muß, was beim ohnehin üblichen morgendlichen Gedränge im und ums Bad nicht ganz ohne Probleme abgeht. Dabei läßt sich dieses Problem mit einer Portion Eigeninitiative häufig aus der Welt schaffen, wenn das Gästezimmer nicht zu klein ist und außerdem eine gemeinsame Wand mit Bad oder WC hat, so daß Ver- und Entsorgungsleitungen auf kurzem Wege erreichbar sind.

Für eine solche Lösung reicht ein mit einer Trockenbauwand abgetrennter Raumstreifen von nur 100 bis 110 cm Breite.

1 Über die realen Raumverhältnisse schafft Abkleben des Trennwandverlaufs und der Türpositionen mit Tesakrepp zuverlässigen Überblick. Bevor das Ständerwerk montiert werden kann, müssen Sie zunächst auf dem Boden, an den Wänden wie auch an der Decke die selbstklebenden Anschlußdichtungen ankleben. Danach verankern Sie

1

2

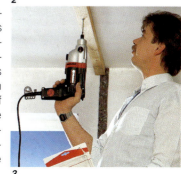
3

91

Arbeitsanleitung: Bad fürs Gästezimmer

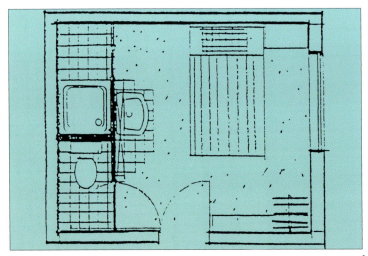

zunächst das 6x6 cm große Bodenholz mit langen Rahmendübeln am Fußboden.

2 Damit die Trennwand auch genau im Winkel steht, muß man die Position der Rahmenhölzer mit der Wasserwaage kontrollieren.

3 Die Deckenhölzer montieren Sie in Durchsteckmontage mit langen Rahmendübeln. Schräg eingezogene Schnellbauschrauben verbinden Rahmenhölzer und senkrechte Ständer.

4 Der Grundriß verdeutlicht die raumsparende Lösung.

5 Hier ist eine spezielle Ständerwerkszarge bereits zwischen die beiden Ständerhölzer gestellt und wird mit der Wasserwaage ausgerichtet. Verschrauben Sie sie zuerst auf der Bänderseite am Ständerwerk. Verwenden Sie dazu Lochbänder, die an die Montagelaschen angeschraubt sind. Bei geschlossener Tür kann man auch die Gegenseite der Zarge am Ständerwerk verankern.

6 In halber Höhe steift ein Querriegel die Trennwand aus. Doppeln Sie ihn im Montagebereich

Arbeitsanleitung: Bad fürs Gästezimmer

des Waschtischs auf, so daß der Montageflansch des Waschtischs eine satte Auflage findet.

7 Die bereits einseitig mit 20 mm dicken Gipskartonplatten verkleideten, hohlen Trennwände müssen Sie mit Steinwollplatten ausfachen. Dort, wo die Rohranschlüsse liegen, füllen Sie die Hohlräume mit Stopfwolle lückenlos aus. Danach kann man die noch offene Seite der Trennwandkonstruktion verkleiden.

8 Damit die Gipskartonplatten im Falle einer Überschwemmung nicht von unten Wasser aufnehmen, enden sie etwa 1 cm oberhalb des Fußbodens. Beilagen stellen diesen gleichmäßigen Abstand sicher. Auch rings um die Rohraustritte bleibt zunächst 1 cm Luft.

9 Bodenfuge und Ringspalt um die Rohraustritte sind dauerelastisch auszuspritzen und zu versiegeln.

10 In die 100 cm breite Duschecke kommt eine 80x80 cm messende Duschtasse aus Stahlemail. Sie liegt auf einem Ringfundament aus Porenbetonsteinen auf. Das Porenbetonfundament vergrößert zugleich den Bewegungsraum in der Duschnische von 80x80 cm auf 100x90 cm.

11 Der Fliesenbelag in der Duschecke muß dicht sein. Dafür tragen Sie auf die Gipskartonplatten einen Dispersionskleber auf. Zunächst ziehen Sie ihn etwa handbreit in den Eckbereichen auf. Zum Schutz der Eck- und Anschlußfugen betten Sie ein Dichtungsband in den Kleber ein. Anschließend ziehen Sie eine vollflächige Dichtschicht von 1 mm Dicke mit dem Edelstahlglätter auf. Wenn die Dichtschicht über Nacht abgebunden hat, zieht man den gleichen Kleber vollflächig mit einem Zahnspachtel auf und drückt die Fliesen in das frische Kleberbett.

12 Dort, wo Rohraustritte eine spezielle Bearbeitung der Fliesen erfordern, werden diese Fliesen bis zum Schluß ausgespart. Bei der Ausarbeitung kreisrunder Ausschnitte für Rohraustritte ist ein Fliesenkreisschneider ein praktisches und zuverlässiges Werkzeug.

7

8

9

Arbeitsanleitung: Bad fürs Gästezimmer

10

13

14

11

12

15

13 Dunkelblaue keramische Leisten setzen in Dusche und WC einen markanten Akzent.

14 Den Boden gestaltet man mit 15x15 cm messenden Bodenfliesen, so daß sich die Wandfugen deckungsgleich im Fußboden fortsetzen. Dabei kommt ein vergüteter Sicherheitskleber zum Einsatz. Nach Abbinden des Fliesenklebers können Sie alle Fliesenflächen verfugen.

Den Einbau der Duschtasse lassen Sie durch einen Fachmann vornehmen. Die Sanitärfuge zwischen Stahlemail und Fliesen versiegeln Sie selbst dauerelastisch.

15 Das Ergebnis (siehe auch Abbildund auf Seite 90) ist eine funktionell wie gestalterisch überzeugende Lösung. Das Gästezimmer hat eine abgeschlossene Dusche mit WC erhalten. Der Waschtisch steht allerdings im Zimmer mittig vor der Trennwand. Für die notwendige Lüftung sorgt eine nicht deckenhoch ausgeführte Trennwand zwischen WC und Dusche, so daß das Fenster im Duschbereich beide Räume mit Frischluft versorgen kann.

Sachwortregister

Wo finde ich was?

A
Abriebgruppe 9, 22
Althausmodernisierung 13, 28
Armaturen 28
Armierung 44

B
Bindemittel 18

D
Diagonal-Verlegung 27, 32, 50, 76, 80

E
Europanorm 22

F
Farbspektrum 13, 15, 28
Fettlöser 66
Fleckschutzmittel 10
Fliesen
– Spaltplatten 10
– Steingut, glasiert 7, 11
– Steinzeug, glasiert 8, 12
– Steinzeug, unglasiert 9
– Tonfliesen 10, 50
Fliesenbild 12, 28
Fliesendurchbrüche 40
Fliesenlegerkreuze 47
Frostbeständigkeit 16, 29, 35, 42, 54, 86
Fugen
– Anschlußfugen 20, 21, 48, 81
– Dehnungsfugen 20, 35, 38, 48, 84

– Fugenbild 12, 42
– Fugenfarbe 55
– Fugenglätten 49
– Zwei-Flanken-Haftung 20
Fußbodenheizung 38, 69

G
Glasuren 9, 22
Grundlinie 46
Grundierung 38

H
Holz 24, 25, 26
Horizontal-Isolierung 54

K
Kamin 24

M
Marmor 14, 15

N
Naßbereich 8, 43

O
Oberflächenbehandlung 10, 52

P
Pergola 85

R
Reinigung 21, 52, 79, 87
Renovationsfliesen 13, 28
Revisionsöffnung 67
Rohraustritte 28, 65, 93, 94

S
Scherben 7, 9, 10
Schiefer 15
Schnurschlag 46
Sondermüll 20
Ständerwerk 91
Statik 86
Stelzlager 45
sumpfen 18, 48

T
Teppichboden 25, 26
Topfzeit 44

U
Untergrund
– Beton 35
– Estrichflächen 35
– Fliesen 36, 64
– Giprkarton 36, 93
– Holz 37
– Porenbeton 36, 59
– Putzflächen 35

V
Versiegelung 54
Verlegeverfahren
– Dickbett 43
– Dünnbett 42, 61
– Mittelbett 42, 77
– Stelzlager 45
– wasserdichte Verklebung 43, 93
Vitrinenregal 29

Z
Zahnung 42, 50
Zementmilch 52

Bildquellen-Nachweis

Abbildungsverzeichnis

Die nachstehend aufgeführten Firmen haben Bildmaterial zur Verfügung gestellt. Wir danken ihnen für ihre Unterstützung.

Agrob-Buchtal GmbH, 92529 Schwarzenfeld: S. 28

Artesia GmbH, Girardetstraße 2–38, 45131 Essen: S. 15

Beiersdorf AG, Unnastraße 48, 20245 Hamburg: S. 85 (10), 89 (4, 5), 91 (1)

Deutsche Rockwool, Bottroper Str. 241, 45966 Gladbeck: S. 93 (7)

Engers Keramik GmbH, Brucknerstr. 43, 56566 Neuwied: S. 7 (u.)

Fischer-Werke, Postfach 72176 72178 Waldachtal: S. 91 (2)

Gail-Inax AG, Erdkrauter Weg 40–50, 35392 Gießen: S. 9, 10 (u.), 78 (7), 79 (8–10), 80 (12, 13, 15), 81 (16, 17)

Henkel KGaA, Abt. Verbraucher Information, Postfach 1100, 40191 Düsseldorf: S. 18 (u.), 19 (o.), 21, 35, 36 (3), 43, 64, 65 (1–3), 66 (4–7), 67 (8–11), 77 (3), 78 (4–6), 79 (11), 80 (14), 85 (12), 87 (1–4)

Home Ceram GmbH, Lothringer Straße 31, 66740 Saarlouis: S. 13 (1), 25 (u.), 56, 57 (1–3), 82, 84 (9), 88, 89 (2, 3), 90, 92 (4), 94 (13–15)

Industrieverband Keramische Fliesen, Friedrich-Ebert-Anlage 38, 60325 Frankfurt: S. 23

Jasba Keramik, Im Petersborn, 56244 Arnshöfen, Tel. 02602/ 6820: S. 8 (u.)

Keramag, Kreuzerkamp 11, 40878 Ratingen: S. 6, 11 (u.)

Knauf Bauprodukte GmbH, Postfach 10, 97343 Iphofen: S. 32

Korzilius Wohn- und Architekturkeramik, Krugbäckerstraße 3, 56424 Mogendorf: S. 11 (l.o.)

Lugato Chemie GmbH, Dr. Büchtemann GmbH & Co., Helbingstraße 60-62, 22047 Hamburg: S. 10 (o.), 18 (o., m.), 19 (m., u.), 27, 36 (2, 3, 5), 37 (6, 7), 42, 44 (3–6), 46 (1, 2), 47 (3–5), 48 (1–3), 49 (4–6), 50 (1–4), 51 (5–10), 52 (11–14), 59 (1–4), 72, 73 (1, 2), 83 (2, 3), 84 (4–8), 85 (13), 93 (9), 94 (10,11)

Emil Lux, Postfach 1610, 42929 Wermelskirchen 1: S. 39, 41 (6), 49 (7, 8), 94 (12)

Metabowerke GmbH & Co., Postfach 1229, 72622 Nürtingen: S. 41 (4, 5), 77 (1, 2), 83 (1), 85 (11), 91 (3), 92 (5, 6)

Osmo, Postfach 6340, 48033 Münster: S. 26 (u.)

Prowa GmbH, Niederhofheimer Straße 57, 65719 Hofheim: S. 68, 70 (1–3), 71 (4–9)

Rigips GmbH, Schanzenstraße 84, 40549 Düsseldorf: S. 73 (3), 74 (4–9), 75 (10–15), 76 (16, 17), 93 (8)

Sakret-Zentrale, Otto-von-Guericke-Ring 3, 65205 Wiesbaden: S. 60, 61 (1–3), 62 (4–7), 63 (8–11)

Vereinigte Marmorwerke Kaldorf GmbH, Auweg 6, 85136 Titting-Kaldorf: S. 14

Villeroy & Boch AG, Postfach 11 20, 66688 Mettlach: S. 6, 7 (o.), 8 (o.), 11 (o.r.), 13 (m, r.), 24 (o., u.), 25 (o.), 26 (o.), 34

Vosschemie GmbH, Esinger Steinweg 50, 25431 Uetersen: S. 55